요즘 금리 쉬운 경제

딱 한 권이면 끝나는 경제공부의 시작

요즘 금리 쉬운 경제

| 박유연 지음 |

THE NAN
더난콘텐츠

시계 제로의 경제 위기를
헤쳐나갈 길잡이, 금리

12년만이다. 세계 경제가 다시 엄청난 소용돌이에 휘말렸다. 이 위기가 얼마나 깊어질지, 또 언제까지 이어질지 감히 누구도 예상하지 못한다.

누군가는 상상할 수 없던 최악의 상황이 벌어질 것이라 하고, 또 누구는 다시 한번 큰돈을 벌 기회가 찾아왔다고 한다. 누군가는 경제변화를 제대로 예측할지도 모른다. 그러나 이처럼 거대한 퍼펙트 스톰 앞에선 예측만큼 부질없는 일이 없다. 도무지 끝이 보이지 않는 폭풍이 어디로 튀어 갈지는 폭풍 스스로도 알지 못한다. 누군가의 예측이 맞는다 해도 결과론적인 우연일 가능성이 크다.

이 위기에서 한국 경제는 생각보다 커다란 충격에 휩싸일 수 있다. 미국, 일본, 유럽 등은 수년의 호황 끝에 위기를 맞이했다. 이런 나라들은 경제와 시장이 추락하더라도 기존 상승분을 반납하는 선에서 방어가 가능하다.

반면 한국은 지난 몇 년간 극도의 침체였다. 단군 이래 최대 불황이란 얘기까지 나왔다. 과거의 사례를 보면, 이런 상황에서 세계 경제 위기를 맞은 나라들은 예외없이 국가 디폴트 상황에 내몰렸다. 우리가 가늠하기 어려운 충격이 닥칠 수 있는 것이다.

특히 우리나라는 지난 몇 년간 심각한 부동산 가격 상승에 시달렸다. 5년 전과 비교해 지역별로 2배, 심지어 3배가 된 곳도 있다. 갑작스런 가격 상승은 순식간에 한국 사회를 집을 '가진 자'와 '못 가진 자', '많이 가진 자'와 '덜 가진 자'로 갈라놓았고, 한국 경제를 부동산 투기 광풍으로 몰아넣었다.

심각한 경기 침체 속에 위태로운 부동산 가격 급등. 그 끝자락에 맞이한 코로나19발 세계 경제 위기는 한국을 자칫 제2의 외환 위기로 몰아넣을 수 있다. 위기가 부동산 거품을 꺼트리면서 시장이 침몰할 수 있는 것이다. 이 충격은 20여 년 전에 비할 바 못된다. 그때와 비교할 수 없게 커진 경제 규모 만큼이나 충격도 클 것이기 때문이다. 어쩌면 잠시 좋아질 수는 있겠지만 그 이상 고꾸라지는 상황이 반복될 것이다.

이럴 때는 섣부른 대응을 해선 안 된다. 새로운 위기의 급류에 흔적도 없이 휩쓸려 갈 수 있다. 그렇다고 아무런 일도 하지 않은 채, 마냥 폭풍이 지나가기만 기다릴 수는 없다. 피해를 최소화하기 위해 방비를 다시 하고 폭풍 이후를 예비해야 한다.

우리가 할 수 있는 가장 좋은 방법이 과거를 살피는 것이다. 2008년 글로벌 금융 위기, 1997년 한국 등 아시아 금융 위기, 1987년 미국 블랙먼데이, 그 이전의 오일쇼크와 세계대공황까지. 과거 위기에 세계 경제가 어떻게 전개됐는지 살펴보고 현재와 미래를 유추하는 노력을 해야 한다.

과거 위기를 반추해보면 상황 전개의 핵심은 '금리'에 있었다. 금리가 안정적인 수준을 유지할 때 경제에 정상적으로 돈이 돌면서 위기를 극복할 기초 체력이 유지됐다. 코로나 위기가 본격화되자 전세계 중앙은행이 금리부터 인하한 것은 이 때문이다. 각국 중앙은행 의도대로 금리가 안정적인 상황이 유지되면 상대적으로 빠르게 위기에서 빠져나올 수 있을 것이다. 그렇지 않고 주가와 부동산에 이어 금리까지 불안한 모습을 보일 경우 세계와 한국 경제는 통제 불능의 상태에 빠질 가능성이 있다.

최근 몇 년 한국의 부동산 가격 급등도 따지고 보면 그 배경에 금리가 있었다. 경제가 어려워서 금리를 낮게 유지했는데, 이것이 대출을 쉽게 만들면서 부동산 가격을 급등시킨 것이다. 이런 트렌드를 미리 읽은 사람은 부동산 투자로 재미를 봤을 것이고, 그렇지 못한 사람은 부동산 얘기만 나오면 속상함에 귀를 닫았을 것이다.

결국 경제의 기본축은 '금리'다.

경제 이해의 첫걸음이자 끝이고, 시작이자 전부다. 금리만큼 명쾌하게 정리되는 것도 없다. 그러나 어려운 용어로 치장하면서 많은 사람이 답답함을 느끼고 있다. 이른바 금융 전문가들은 복잡한 용어와 자격증을 통해 소비자의 금리에 대한 이해를 원천 봉쇄하고 있다. 그래야 소비자들이 상담을 의뢰하고 돈을 맡기면서, 수익을 낼 수 있기 때문이다. 그 과정에서 각종 속임수가 남발된다. 2019년 금융 시장을 뒤흔들었던 DLS·DLF 사태와 라임자산운용 사태가 그랬다. 금리에 대한 기초적인 지식만 있었어도 이런 낚시는 피할 수 있었을텐데, 투자자 대부분이 금리 지식이 무지하면서 금융사들의 낚시에 걸려들었다.

이런 함정에 빠지지 않기 위해서는 금리와 금융을 공부해야 한다. 그런데 어떤 정보를 봐야 할지 모르겠다. 경제 정보의 홍수 시대. 볼 수록 헷갈린다. 정리되지 않은 정보는 안 본 것만 못하다. 판단 기준만 흐린다. 경제는 가만히 있지 않고 살아 움직이는 유기체다. 한때 시대를 풍미했던 관전 방법이 금세 구시대의 유물이 되기 일쑤다. 어제 들어맞았던 경제 정보가 오늘은 전혀 맞지 않는 경우도 다반사다.

정제된 지식이 필요하다. 정리된 기본 지식으로 확고한 토대를 구축해야 제대로 판단할 수 있다. 상황을 읽고 대비하는 데 전문가를 뛰어 넘는 지식을 갖출 필요는 없다. 전문가를 고르고 제대로 부릴 수 있는 수준의 지식만 있어도 된다.

이 책은 '금리 이해에 대한 기본서'를 콘셉트로 기획됐다. 세계적인 경제 위기 상황 속에서도 경제와 금융의 흐름을 읽고 본질을 파악해 일반인이라도 충분히 대처할 수 있도록 돕고자 노력했다. 금리와 경제에 대한 자신만의 관점을 갖출 수 있도록, 기본 토대를 구축하는 데 초점을 맞췄다. 기초적인 내용을 모두 담으려고 노력하면서, 현실 시장에 대한 완전한 이해가 가능하도록 최신 정보도 함께 실었다. 금리에 대한 기본적인 설명을 시작으로 금리가 거래되는 금융 시장, 금리 결정 방식 및 재테크와 관계, 부동산 시장 및 채권과 금리의 관계까지 설명을 진행했다. 보다 깊은 이해를 원하는 독자를 위해 마지막 장은 심층 설명으로 구성했다. 책 내용을 천천히 숙지하다 보면, 금리와 경제에 대한 확고한 관점을 갖춰 갈 것이라 자신한다.

금융에서 시작해 금융으로 끝나는 금융의 시대. 금리와 금융은 우리 가까이 있고, 끊임없이 실생활과 관계를 맺는다. 공기와 같아서 그 존재를 의식하지 못할 뿐 늘 우리 곁을 감싸고 있다. 하지만 이렇게 친숙한 금리를 제대로 알고 대처하는 사람은 별로 없다. 이 책이 그 자각을 도왔으면 한다.

경제 상황이 언제 좋아질지 모르겠다. 이 위기에서 우리가 빠져나오더라도 저성장과 저출산·고령화로 침체의 터널은 영원히 계속될 수도 있다. 그렇다고 좌절만 하고 있을 수는 없다. 짙은 어둠 속에서도 희미하나마 멀리 보이는 불빛만 알아챌 수 있으면 길을 잃지 않고 전진할 수 있다. 이 책이 그 길잡이가 된다면 더할 나위 없겠다.

박유연

차
례

제1장   금리란 무엇인가

제2장   금리가 거래되는 금융 시장

제1장

금리란
무엇인가

돈에도
가격이 있다

금리. 한자로 쓰면 金利. 해석하면 '돈(金)에 붙는 이자(利)의 비율'이다. 조금 더 풀어 쓰면 이자율이며, 금리와 이자율은 같은 말이다. 경우에 따라 이 둘을 섞어 쓰기도 한다. 이 책에서 나 또한 그러겠다. 그런데 뜻은 그렇다 치고, 금리란 도대체 뭘까?

알 듯 모를 듯, 금리의 정의

세상 모든 것은 거래의 대상이다. 돈도 마찬가지다. 따라서 금리란 '돈을 융통할(빌릴) 때 붙는 가격'을 의미한다. 모든 거래에는 가격이 붙는다. 당연히 돈도 예외가 아니다. 아무런 대가 없이 돈을 융통해주는 사람은 없다. 돈에도 가격이 있는 것이다.

돈을 빌려주면 이자를 받고, 돈을 빌리면 이자를 준다. 누구나 아는 상식이다. 여기서 이자는 돈을 주고받는 데 따른 '대가'를 의미한다. 그리고 이자율은 '대가의 수준', 즉 가격을 뜻한다. 돈의 가격이 바로 이자율이다. 다시 말해 돈을 융통할 때 내는 가격, 그것이 금리다. 이 책에서 수많은 금리가 등장할 텐데, '금리 = 돈을 융통하기 위한 가격'이라는 것만 머릿속에 새겨놓으면 헷갈리지 않을 것이다.

대출 금리는 우리가 은행에서 돈을 빌린 뒤 모두 갚을 때까지 내는 가격이다. 사채 금리는 사채업자로부터 돈을 융통할 때 지불하는 가격이다. 반대로 이자를 받는 예금 금리는 우리가 은행에 돈을 융통해 줄 때 받는 가격이다. 예금은 은행 입장에서 고객으로부터 돈을 융통받는 것과 같다.

━━━ 금리의 정의 ━━━

금리 = 편의 제공의 대가 + 물가 상승의 보상

이자율을 결정하는 2가지 요소

그렇다면 이자율은 어떻게 결정되는 것일까? 돈을 융통할 때 가격이 붙는 이유를 생각해보면 답이 나온다. 가격이 붙는 건 크게 2가지 이유 때문이다.

첫째, 돈이 필요한 사람에게 돈을 빌려주는 사람은 경제적 편의를 제공하는 셈이다. 그에 따른 대가를 요구하는 게 당연하다.

둘째, 물가 상승을 감안해줘야 한다. 예를 들어 매년 물가가 5%씩 오른다고 해보자. 지금 100만 원으로 살 수 있는 물건을 1년 뒤에는 105만 원 내고 사야 한다. 뒤집어 말하면 지금 100만 원과 1년 뒤 105만 원은 같은 가치를 지니고 있다. 그런데 지금 100만 원을 빌려줘서 1년 뒤 똑같이 100만 원을 돌려받으면 당연히 손해를 보는 게 된다. 그렇기 때문에 돈을 빌려주는 사람은 그 차이를 보상받으려고 한다. 지금 100만 원을 빌려주고 1년 뒤 최소 105만 원은 돌려받겠다고 하는 것이다.

이처럼 물가 상승을 보상하는 5만 원에 경제적 편의를 제공하는 대가가 더해져 이자율이 결정된다.

이자율이 변하는 이유

물건의 가격이 변하듯 이자율도 수시로 오르내린다. 대출 금리가 1%에서 10%로 오르면 그만큼 돈을 융통할 때 붙는 가격이 올라간다. 돈을 빌릴 때 이전엔 원금의 1%만 내면 됐는데 이제 원금의 10%를 내야 하니 돈을 융통하기 위한 가격이 오른 것이다. 반대로 대출 금리가 1%에서 0.5%로 떨어지면 그만큼 돈을 융통할 때 붙는 가격이 내려간다.

금리가 오르내리는 데는 돈의 양이 가장 큰 영향을 미친다. 공급이 많으면, 즉 시중에 돈이 많이 흘러 다닐 때는 상대적으로 돈을 융통하기 쉽다. 그러면 '싸게' 돈을 빌릴 수 있다. 금리가 내려간다. 반면 공급이 적으면, 즉 시중에 돈이 적게 흘러 다닐 때는 돈을 빌려주는 쪽에서 더 많은 대가를 요구하게 된다. 그러면 '비싸게' 돈을 빌려야 한다. 금리가 올라간다.

수요에도 영향을 받는다. 부동산 시장 호황과 같은 영향으로 돈을 빌리려는 사람이 늘면 돈을 융통하는 데 경쟁이 많아진다. 상대적으로 돈의 가치가 올라간다. 금리가 올라간다. 반대로 부동산 시장이 좋지 않아 돈을 빌리겠다는 사람이 줄면 돈을 융통하기 위한 경쟁이 적어진다. 돈의 가치가 내려간다. 금리가 내려간다.

이 같은 금리 변화는 금융 시장을 움직이는 조타수 역할을 한다. 시중에 돈이 늘면서 돈을 융통하기 쉬워져 금리가 내려갔다고 치자. 금리가 계속 낮은 수준을 유지하면 대출 부담이 줄어들면서 대출 수요를 키우게 된다. '금리가 낮으니 대출 받아서 내 집 장만해볼까?'와 같은 생각을 갖게 만든다. 이렇게 사람들이 대출을 받게 되면 시중에서 증가한 돈이 대출에 사용되면서 그 쓰임새를 갖게 된다. 그런데 이후 대출 수요가 계속 증가하면 돈을 융통하는 데 경쟁이 많아지면서 낮앉던 금리가 올라가고 금리가 정상 수준으로 돌아오게 되면서 경제도 균형을 찾는다. 금리 변화를 통해 경제가 제자리를 잡아가는 것이다.

　기본적인 금리에 대한 이해가 생겼는가? 그러면 본격적으로 금리의 세계로 떠나보자.

1%에서 2%로 오르면
몇 %가 오른 걸까

우선 금리와 관련한 각종 용어부터 살펴보자. 기본 중의 기본이니 어쩔 수 없다.

%와 연%

금리라고 다 같은 것이 아니다. 저마다 단위가 있다. 만기 1년짜리 정기 예금 금리 2%와 만기 1개월짜리 정기 예금 금리 2%를 비교해보자. 같은 2%인가? 당연히 아니다. 만기 1년짜리 예금 금리 2%는 1년 동안 예금을 해야 받을 수 있다. 반면 만기 1개월짜리 예금 금리 2%는 1개월만 예금하면 받을 수 있다. 결과적으로 1개월짜리 예금의 2%

금리는 1년짜리 예금 2%의 12배에 해당하는 고금리인 것이다.

그러므로 금리를 정확하게 표현하려면 반드시 앞에 기간 단위를 붙여줘야 한다. 그냥 2%라고 하면 안 된다. 1년에 2% 이자를 주는 경우라면 '연 2% 금리', 1개월에 2% 이자라면 '월 2% 금리'라고 표현해야 한다.

정확한 표현이 매우 중요하다. 만기 3년짜리 정기 예금 금리가 5%인 경우를 살펴보자. 매년 5%씩 3년간 총 15% 이자를 주겠다는 뜻이라면 '연 5%'라고 표현하면 된다. 다시 말해 '만기 3년짜리 정기 예금 금리가 연 5%'라고 해야 한다. 그러지 않고 단순히 5%라고 하면 3년간 예금할 때 총 5% 이자를 받는 상황이 된다. 완전히 다르다.

시중 은행 지점이나 홈페이지에 가면 금리에 반드시 '연'과 같은 기간 단위가 붙어 있는 것을 볼 수 있다. 금리를 볼 때 어떤 기간 단위가 붙어 있는지 확인하는 습관을 들여야 금리를 오해해 불이익을 당하는 일을 피할 수 있다. 다만 금리는 연 %인 경우가 대부분이라서 누가 봐도 연 %라는 사실을 알 수 있을 때는 '연'을 자주 생략한다. 대개의 금리는 연 %이기 때문이다. 이 책에서도 단위를 붙이지 않고 표현하는 %는 모두 연 %다.

%와 %포인트 🖐

다음으로 가장 많이 틀리는 표현을 짚고 넘어가자. 금리의 변화와 관련한 것이다. 만기 1년짜리 정기 예금 금리가 연 1%에서 연 2%로 2배가 되는 사례다. 대부분 연 1%에서 연 2%로 1%가 올랐다고 말한다. 2배가 됐는데 1% 올랐다고 하는 게 맞을까? 예컨대 삼성전자 주가가 4만 원에서 8만 원으로 2배가 됐다고 해보자. 이 사례는 감이 금방 올 것이다. 100% 올랐다. 2배가 됐으니 비율로 표현하면 100% 오른 것이 된다.

이제 다시 금리로 돌아오자. 금리가 연 1%에서 연 2%로 2배가 됐다. 100% 오른 것이다. 여기서 100%란 변화한 폭을 비율로 나타낸 것이다. 그렇기 때문에 "1% 올랐다"고 표현하면 틀리다. 1% 올랐다고 말하는 순간 금리가 미미하게 올랐다고 얘기한 게 된다. 1% 올랐다는 것은 금리가 연 1%에서 연 1.01%로 변화했다는 뜻이다. 연 1%의 1% 비율만큼 올라서 연 1.01%가 된 것이다.

연 1%에서 연 2%로 변화한 것을 표현할 때는 "1%포인트 올랐다"고 하면 된다. 금리 숫자 자체가 변화한 폭이 1%포인트가 되는 것이다. 연 1%에서 연 3%로 올랐다면 "2%포인트 올랐다"고 하면 된다. '포인트(point)'를 글로 나타낼 때는 p로 줄여서 쓰기도 한다. "2%p 올랐다"고 표현하는 식이다.

참고로 코스피(KOSPI) 지수가 2,000에서 2,100으로 오른 것을 비율로 표현하면 "5%(100/2,000) 올랐다"고 한다. 변화 폭으로는 "100포인트 올랐다"고 표현한다. 금리도 마찬가지다. 금리 움직임을 변화의 폭으로 나타낼 때는 반드시 포인트를 붙여서 혼동을 막도록 하자.

원금 보장이라는 말에
속는 당신은 호갱님

금리, 즉 이자율에도 여러 종류가 있다.

명목, 세후, 실질 이자율

우선 '명목 이자율'이 있다. 명목 이자율은 말 그대로 숫자로 나타나는 금리를 뜻한다. 1년 만기 정기 예금 금리가 연 5%라고 표시돼 있다면 이 5%가 명목 이자율이다.

그런데 이를 다 받을 수 있을까? 세금이 붙는다. 이자 수익도 소득이기 때문이다. 현재 이자 소득세는 15.4%다. 물론 원금이 아니라 이자 금액의 15.4%를 세금으로 떼어간다. 예를 들어 5% 금리 예금에 1,000만 원을 넣어 5만 원의 이자 소득이 발생했다면 5만 원의 15.4%인 7,700원을 세금으로 내게 된다(이미 떼고 지급된다).

모든 금융 거래에서는 늘 세금을 염두에 둬야 한다. 1억 원의 대출을 받고 있는 사람이 있다고 치자. 대출 이자율은 연 2%다. 그러던 중 직장에서 보너스로 2,000만 원을 받았다. 은행에 문의하니 예금하면 연 2.3% 이자를 받을 수 있다고 한다. '대출 안 갚고 예금하는 게 낫겠군' 하는 생각이 든다. 하지만 아니다. 절대로 아니다. 이자의 15.4%인 이자 소득세를 떼고 나면 연 2.3%의 이자는 연 1.95%의 이자에 불과하게 된다. 대출 이자율은 2%라고 했다. 당연히 빚 갚는 게 낫다.

이처럼 세금을 제하고 난 후의 이자율을 '세후 이자율'이라고 한다. '이자율×(1−0.154)'로 계산하면 된다. 5%의 세후 이자율은 4.23%다.

하지만 여기서 끝일까? 아니다. 물가를 고려해야 한다. 물가 상승은 돈의 가치를 떨어뜨린다. 1년짜리 정기 예금에 들어 세후 4.23% 이자를 받았는데 1년 사이 물가가 4.23% 올랐다면 결과적으로 이익은 하나도 없게 된다. 겨우 보존만 한 셈이다. 이때 실질 이자율은 0%가 된다. 실질 이자율을 구하는 방법은 간단하다. 약간의 오차는 있지만 세후 이자율에서 물가 상승률을 빼주기만 하면 된다. 세후 이자율이 4.23%인데 물가 상승률이 3%라면 실질 이자율은 1.23%에 지나지 않는다.

세후 이자율이 4.23%로 그대로인데 물가 상승률만 10%로 크게 높아졌다면, 실질 이자율은 −5.77%로 은행에 돈을 넣어봤자 손해만 보는 상황이다. 물론 그렇다고 해서 돈을 집 안에 가만히 쌓아두는 것이 옳은 일은 아니다. 명목 이자율조차 적용받을 수 없어서 손해가 더욱 커지기 때문이다. 물가 상승률이 10%인 상황에서 집에 가만히 돈을 쌓아두기만 하면 앉아서 10% 손해 보게 된다. 아무리 이자율이 낮더라도 손해를 줄이기 위해서는 그나마 은행에 예금하는 것이 낫다.

1년 만기 연 5% 금리의 정기 예금일 때 이자율 비교

명목 이자율: 5%

세후 이자율: 5% × (1 − 0.154) = 4.23%

실질 이자율: 4.23% − 2% = 2.23%

복리의 마법, 72의 법칙

이자율은 작은 차이가 큰 차이로 이어진다. '복리'의 마법 때문이다. 복리는 이자에 이자가 붙는 것을 뜻한다.

이를테면 매달 1%씩 이자가 발생하는 복리 예금을 생각해보자. 100만 원을 예금하면 한 달 뒤 1만 원의 이자가 붙는다. 101만 원이 된다. 그리고 한 달이 더 지나면 복리 체계에서는 원금 100만 원이 아닌 원리금(원금 + 이자) 101만 원에 1% 이자가 붙는다. 원금 100만 원

연 3.6% 금리로 1,000만 원 20년 투자 시 원리금 비교

복리: 2,000만 원
단리: 1,720만 원

뿐 아니라 이미 붙은 1만 원에도 1% 이자가 붙는 것이다. 101만 원의 1%는 1만 100원이다. 그래서 원리금은 101만 원에 1만 100원을 더한 102만 100원이 된다.

반면 '단리' 체계에서는 지속적으로 원금에만 이자가 붙는다. 100만 원에 대해 첫 달에도 둘째 달에도 계속 1만 원의 이자만 붙는 것이다. 그래서 두 번째 달 원리금은 102만 원이 된다. 복리와 비교하면 100원의 차이가 발생한다.

100원의 차이가 무척 작아 보일 수 있지만 여기에 시간의 힘이 들어간다. 처음 작아 보이는 차이는 시간이 지날수록 기하급수적으로 커진다. 이를 수치화한 것이 '72의 법칙'이다. 72의 법칙은 복리 체계에서 최초 원금이 2배가 되는 시간을 알려준다. 방식은 간단하다. 72를 이자율로 나눠주면 된다. 예를 들어 이자율이 연 10%라면 72를 10으로 나눈 7.2년 만에 원금이 정확히 2배로 불어난다. 단리 체계에서는 연 10% 이자율로 원금이 2배가 되는 데 10년이 걸린다.

정리해보면 단리를 복리로 바꾸면 원금이 2배가 되는 시간을 10년

에서 7.2년으로 줄일 수 있다는 얘기가 된다. 2.8년 짧아진다. 이 같은 복리와 단리의 격차는 시간이 길수록 그리고 이자율이 높을수록 더 커지게 된다.

속지 말자, 원금 보장

이자율 개념을 정확하게 이해하는 사람과 그렇지 못하는 사람의 격차는 크다. 대표적인 것이 '원금 보장'에 대한 이해다. 흔히 사람들은 투자를 할 때 원금 보장이 되는지의 여부를 살핀다. 대표적인 것이 보험이다. 보험사들은 "만기가 되면 보험료를 전액 환급해드려요" 하며 유혹하곤 한다. 과연 그럴까?

예를 들어 100만 원을 일시불로 납입하면 10년간 위험을 보장하고 만기에 원금을 돌려주는 보험이 있고, 40만 원을 내면 역시 10년간 위험을 보장하지만 만기에 아무것도 돌려주지 않는 보험이 있다고 가정해보자. 이때 대다수의 사람들이 전자를 선택한다. 하지만 이는 손해다.

이해를 돕기 위해 10년간 은행 이자율이 연 7.2%라고 가정해보자. 7.2% 수익률과 원금 100만 원을 복리 계산기에 넣으면, 100만 원은 10년 뒤 200만 원이 된다. 100만 원을 보험에 넣지 않고 은행에 넣으면 받을 수 있는 돈이다. 그런데 10년 뒤 보험사에서는 100만 원만 받으니, 은행에 넣었다면 받을 수 있었던 200만 원과 비교해 결과적으로 100만 원의 손해를 보는 셈이 된다.

반면 40만 원은 10년 뒤 80만 원이 된다. 이를 날리는 것이니 결과적으로 80만 원 손해다. 즉, 100만 원을 맡기고 원금을 돌려받으면 10년 뒤 100만 원 손해고, 40만 원을 주고 아예 잊어버리면 10년 뒤 80만 원 손해다. 당연히 후자가 나은 보험이다.

물론 어떤 선택이 더 유리한지는 넣는 숫자에 따라 달라진다. 다만 원금을 보장한다고 해서 무조건 유리한 보험이 아니라는 점은 반드시 이해하고 있어야 한다. 요컨대 보험을 선택할 때는 원금 보장의 유혹에 넘어가지 말고, 얼마나 혜택이 많은지 등을 보는 게 현명하다.

이 같은 원칙은 모든 투자에 적용된다. 원금에 지나치게 집착하기보다 자기 나름의 수익률을 정한 뒤 이를 기준으로 투자하는 것이 좋다. 그래야 손해 본 주식을 원금 회복까지 기다리다가 더 큰 손해를 보는 우를 피할 수 있다. 1년짜리 정기 예금 금리가 5%인 상황에서 주식에 투자해 1년 뒤 원금을 회복했건 −2% 손실을 봤건 간에, 어차피 5% 수익률에는 못 미치니 손해 본 건 매한가지인 것이다.

여기서 '기회비용'이라는 개념을 이해해두면 좋다. 기회비용은 내가 어떤 선택을 하지 않았더라면 얻을 수 있었을 수익을 의미한다. 1년 동안 주식에 투자하지 않고 연 5%짜리 정기 예금에 예치했지만 5%의 이자 수익을 얻었을 것이다. 그렇지만 주식에 투자했으니 결과적으로 5% 수익을 날린 셈이다. 바로 이게 주식 투자에 따른 기회비용이다.

주식에 투자해 돈을 벌면 좋다. 이를테면 연 10% 수익률을 올리는 것이다. 그런데 반대로 2% 손실을 봤다면 얘기가 달라진다. 2% 손실을 본 수준에만 머무르는 것이 아니라 안전하게 은행에 예금했더라면 얻을 수 있었을 5% 수익률을 날린 것이니, 결과적으로는 7%(5% + 2%)의 손해를 본 것이다. 이를 두고 '원금에서 2% 손실을 봤네'라고 생각하면 안 된다. '은행에 넣어뒀으면 5% 벌었을 것을, 2% 날렸으니 결과적으로 7% 손해 봤네'라고 해야 정확한 판단이 된다.

이처럼 어떤 경제적 선택을 평가하기 위해서는 단순히 원금과만 비교하지 말고 반드시 기회비용을 고려해야 한다.

코에 걸면 코걸이 귀에 걸면 귀걸이, 수익률

수익률은 이자율을 아우르는 표현이다. 정기 예금이나 적금에 투자해 받는 수익률이 이자율이니까. 그런데 수익률은 자칫 속기 쉽다.

펀드 상품을 예로 들어보자. 시장 상황이 좋을 때 입금했다가 이후 상황이 나빠진 뒤 출금한 사람의 수익률은 좋지 않다. 반면 같은 상품에 상황이 나쁠 때 입금했다가 좋아진 후 출금한 사람의 수익률은 좋다. 이때 A상품을 파는 금융 회사가 후자의 사례만 강조해 광고하면 A상품은 무조건 수익률이 좋은 상품이 돼버린다. 1~6월은 수익률이 좋지 않고 7~12월은 좋은 상황일 때, 연말에 지난 1년이 아닌 최근 6개월의 수익률만 제시하면서 업계 1위를 차지했다고 강조하는 식이다.

연금 상품의 연말정산 세액 공제도 속기 쉬운 사례다. 연금저축에 가입하면 납입액 가운데 최대 700만 원까지에 대해 12~15%를 세금 환급 방식으로 연말에 돌려받을 수 있다. 한도까지 700만 원을 납입하면 700만 원의 12~15%인 84~105만 원을 돌려받는다.

이를 두고 그만큼 '수익률'을 올렸다고 얘기하는 경우가 있다. 그러나 이는 명백히 사기다. 어떤 투자를 통해 몇 %의 수익이 나왔다고 말하기 위해서는 투자 기간 중 지속적으로 해당 수익이 발생해야 한다. 예를 들어 은행 예금에 100만 원을 넣어 연 10% 수익이 나온다고 얘기할 때는 한 번 100만 원을 넣어 가입 기간 내내 연 10% 수익이 나와야 한다. 30년 만기 예금이라면 한 번 100만 원을 넣어 30년간 매년 10% 이자를 지급해야 하는 것이다.

연금 상품에도 적용해보자. 올해 30년 만기 연금 상품에 100만 원을 불입했다고 치자. 여기서 연말정산으로 연 12~15% 수익률이 발생했다고 말하기 위해서는 올해 넣은 100만 원에 대해 앞으로 30년간 매년 12~15%씩 세금을 돌려받아야 한다. 그래야 100만 원이 연 12~15%의 수익률을 냈다고 할 수 있다.

그런데 올해 넣은 100만 원에 대한 연말정산은 올해 한 차례만 가능하다. 이에 올해 돌려받은 12~15% 연말정산의 진정한 수익률은 30년에 걸쳐서 나눠 계산해야 한다. 올해 연말정산으로 발생한 수익률 효과를 단순 계산하면 12~15%를 30년으로 나눈 연 0.4~0.5%에 불과하다. 연말정산으로 연 0.4~0.5% 수익률이 생긴 셈이다. 단순하게 100만 원을 30년 동안 예금했더니 30년 합계 12~15% 이자를 받는 경우라고 생각하면 된다. 30년간 이자율이 12~15%이니, 연평균 이자율은 0.4~0.5%에 불과하다.

이처럼 일회성으로 한 번 발생한 수익을 가입 기간으로 나눠 연평균 얼마나 수익을 올렸는지 보는 것을 '연환산 수익률'이라고 한다. 올해 얻은 12~15% 연말정산 수익의 연환산 수익률은 0.4~0.5%일 뿐이다.

연말정산 효과로 인해 12~15%의 수익률이 발생한다는 말이 맞으려면 올해 세금을 돌려받는 즉시 연금 상품을 해지할 수 있으면 된다. 그러면 1년 만에 12~15%의 수익률이 발생한 것이 된다. 하지만 현실에서는 세금을 돌려받은 뒤에도 30년 만기까지 원금을 그대로 묶어둬야 한다. 12~15%를 30년으로 나눠서 수익률을 생각해야 하는 것이다.

결과적으로 연말정산 세액 공제를 통해 우리가 누릴 수 있는 수익률 제고 효과는 미미하다. 따라서 연금 상품에 가입할 때는 한 번 발생하고 마는 세금 환급 효과보다는 '노후 설계'라는 장기 계획에 따라 가입하는 것이 좋다. 어떤 PB(자산관리사)는 "연금 상품의 세액 공제 효과는 보너스로 여겨야지 주목적으로 생각해서는 안 된다"고 강조했다. 연금 상품 중도 해지 시 손해에도 유의해야 한다. 중도 해지하

/ 예금 이자와 보험 연말정산 수익 비교

구분	예금 이자	보험 연말정산
1년차	10만 원	12~15만 원
2년차	10만 원	0
3년차	10만 원	0
4년차	10만 원	0
5년차	10만 원	0
6년차	10만 원	0
7년차	10만 원	0
8년차	10만 원	0
9년차	10만 원	0
10년차	10만 원	0
↓	↓	↓
29년차	10만 원	0
30년차	10만 원	0

*30년 만기 연 10% 이자율 보장 예금과 12~15% 세액 공제 보험에 각각 100만 원 넣을 때

면 세액 공제로 받은 혜택 이상의 세금을 원천징수당하기 때문이다.

이처럼 오랜 기간 얻을 수 있는 수익률을 매년 얻을 수 있는 것처럼 속여서 홍보하는 경우가 많다. '10년간 20% 수익률 보장' 식의 광고다. 마치 매년 20% 수익을 주는 것 같지만 알고 보면 10년간 합계 20% 수익률을 주는 경우다. 속지 않도록 꼭 확인해야 한다.

요즘 금리 쉬운 경제

이 밖에 은행, 증권, 보험, 자산운용 등 각각의 금융 회사는 금융 상품 수익률 산정 방식이 각자 다르다. 그래서 단지 숫자만 보고 "어디가 수익률이 더 좋다"고 단정해서는 안 된다. 수익률 지표가 정확하다고 해도 문제가 없는 게 아니다. 지금까지 수익률이 좋다고 해서 앞으로도 계속 좋으리라는 보장은 없기 때문이다. 실제로 과거 수익률을 믿고 투자했다가 손해 보는 경우가 자주 발생한다. 결국 투자는 어느 누구도 아닌 내가 책임져야 할 영역이라는 점을 반드시 인지하고 있어야 할 것이다.

* 종신 보험 상품 *

금융감독원에 따르면 2019년 1분기에만 1만 9,226건의 금융 민원이 제기됐다. 이 가운데 61.3%가 보험에서 나온 민원인데, 가장 대표적인 유형이 '종신 보험'을 '장기 저축성 보험'으로 속여서 파는 경우다.

종신 보험은 가입자가 사망하면 보험금이 지급되는 상품이다. 1억 원, 10억 원 등으로 보험금을 약정한 뒤 해당하는 보험료를 내면 가입자 사망 시 보험금이 지급된다.

대부분의 보험사들은 종신 보험 가입을 가장 중시한다. 가장이 사망할 경우 남겨진 가족이 경제적으로 큰 어려움에 빠질 수 있으니 가입의 필요성은 충분히 있다. 문제는 보험사들이 보험의 종류를 속이면서까지 종신 보험 판매에 열을 올리고 있다는 점이다. 보험사 수익을 늘리는 데 가장 유리한 보험이기 때문이다. 그 이유는 바로 '사업비' 비중이 가장 높아서다. 그래서 "다달이 보험료를 내면 나중에 1억 원, 10억 원의 목돈을 받을 수 있다"는 식으로 유혹하면서 종신 보험을 판매하곤 한다. 그러나 이 목돈은 내가 '죽어야' 나오는 내 '목숨의 대가'다. 저축성 보험이 전혀 아니다. 보험에 가입할 때는 그 성격을 꼭 살펴보기 바란다. 특히 보험사의 보험료 투자 수익률 변화에 따라 지급되는 보험금이 바뀌는 변액형 상품이 있는데, 시장 상황 변화에 따라 추후 지급 보험금이 매우 적을 수 있으니 잘 따져봐야 한다.

* 무·저해지 환급금 보험 *

2019년 10월 금융감독원은 "보험료가 저렴한 대신 해지 환급금이 없거나 적은 무·저해지 환급금 보험 상품 판매가 급증하고 있어서 민원 발생이 우려된다"고 경고한 바 있다. 우리가 보험에 가입했다가 중간에 해지하면 보험사는 우리가 낸 보험료 중 일부를 '환급금' 명목으로 돌려준다.

반면 무해지 환급금 보험은 말 그대로 보험료 납입 기간 중 해지하면 환급금이 없고, 저해지 환급금 보험은 보험료 납입 기간 중 해지하면 매우 적은 환급금만 받는 보험이다. 그런 까닭으로 일반 보험과 비교해 보험료가 20~30% 낮다. 소비자 입장에서는 선택하면 된다. 낮은 보험료를 내면서 각종 보장을 받되 해지할 때 환급금을 거의 받지 못하는 상황을 감수할지, 아니면 다소 높은 보험료를 내되 해지할 때 환급금을 받을지 판단해 결정한다. 여기까지는 아무런 문제가 없다.

진짜 문제는 보험료 납입 기간 이후 상황에서 발생한다. 보험료 납입 기간이 종료된 뒤, 즉 만기 후 보험을 해지하면, 무해지형이건 저

보험 상품 종류		일반 보험 상품	저해지 환급금 보험 상품	무해지 환급금 보험 상품
보험 상품 종류		보험료 납입 중 해지 시 : 기간별로 일정 금액 지급	보험료 납입 중 해지 시 : 일반 상품 환급금의 50%	보험료 납입 중 해지 시 : 환급금 없음
월보험료		26만 5,000원	23만 9,000원 (일반 상품 대비 9.8% 낮음)	20만 7,000원 (일반 상품 대비 21.9% 낮음)
해지 환급금	5년	1,115만 9,000원	557만 9,500원	0원
	10년	2,562만 2,000원	1,281만 1,000원	0원
	20년	5,770만 7,000원	5,770만 7,000원	5,770만 7,000원

※20년 만기 보험료 납입 완료 이후 환급금은 동일
자료: 금융감독원

해지형이건 간에 일반 보험과 같은 해지 환급금이 지급된다. 성실하게 납입 기간을 채운 대가로 말이다.

표는 보험료 납입 기간이 20년인 종신 보험을 비교한 것이다. 저해지형은 20년 만기 전에 해지하면 일반 보험의 50%밖에 환급금을 받지 못하고, 무해지형은 단 한 푼도 받지 못한다. 그런데 20년을 모두 채우고 해지하면 원금의 135%인 5,777만 7,000원을 받을 수 있다. 일반, 저해지, 무해지형 모두 납입 기간 종료 후 환급금이 같다. 이를 놓고 보험사들은 이렇게 생각한 듯 여겨진다.

'저렴한 보험료로 무·저해지형의 납입 기간을 지키면 일반 보험과

해지 환급금이 같네. 저축성보험으로 홍보해야겠다.'

이 전략은 적중했다. 금융당국에 따르면 보험사들은 2015년 7월부터 2019년 3월까지 무·저해지 환급금 상품을 약 400만 건 판매했다. 2019년 1분기에만 108만 건에 달했다. 초기에는 암보험 등 건강 보험이나 어린이 보험만 무·저해지 환급금 보험으로 판매하다가, 2019년 들어 종신 보험까지 무·저해지 환급금 보험으로 판매하는 사례가 나왔다.

그렇다면 납입 기간을 무사히 마치는 경우는 얼마나 될까? 절반도 되지 않는다. 무·저해지 환급금 보험에 가입한 사람들 중 절반이 넘게 중도에 해지하면서 낸 보험료를 거의 날린다. 그리고 이는 고스란히 보험사의 수익이 된다. 납입 기간이 수십 년인 보험 상품에 들어났다가 중간에 어떤 일이 생길지는 아무도 모른다. 살다 보면 언제든 보험료 납입이 어려운 상황에 처할 수 있다.

상품을 완전히 이해하고 싼 보험료로 비싼 보장을 받겠다며 무·저해지 환급금 보험에 가입하는 것에는 아무런 문제가 없다. 하지만 저축성 보험인줄 알고 가입했다가 중간에 해지해 보험료를 거의 날리는 상황에 처한다면 경제적으로 큰 곤란을 당할 수 있다. 그렇기에 관련 상품 권유를 받으면 매우 신중하게 판단해야 한다.

제2장

금리가 거래되는 금융 시장

사채업자, 계주, 노조위원장도 알고 보면 금융업자

　본격적으로 금리를 해부해보기에 앞서 '금융'에 대해 잠시 살펴보고 넘어가보자. 금리가 결정되고 금리에 따라 자금이 거래되는 '금융 시장'에 대한 이해가 있어야 금리를 제대로 알 수 있기 때문이다.

　금융은 한마디로 '돈 거래'를 말한다. '돈을 융통하는 것'이다. 어떤 형식으로든 실물을 기반으로 하지 않는 돈 거래는 모두 금융으로 볼 수 있다.

　그리고 모든 거래에는 가격이 필요한데, 금융에서는 '금리'가 바로 그 가격 역할을 한다. 금융은 크게 직접 금융, 간접 금융, 자산운용으로 나뉜다.

요즘 금리 쉬운 경제

자금 수요자와 공급자가 직접 만나는 직접 금융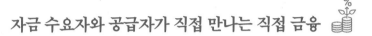

'직접 금융'은 돈을 필요로 하는 사람과 돈을 갖고 있는 사람이 직접 만나서 하는 금융이다. 주식과 채권이 대표적이다. 우리가 주식과 채권을 매입하면 이를 발행한 기업이나 정부에 직접 돈이 공급된다. 직접 금융이 이뤄지는 시장은 '발행 시장'과 '거래 시장'으로 나뉘는데, 발행 시장은 기업이나 정부가 최초로 주식이나 채권을 찍어내는 시장을 말하며, 거래 시장은 주식이나 채권의 손 바뀜이 일어나는 시장이다. 상장 기업이 최초 발행하는 주식을 매입하면(공모 청약) 발행 시장에 참여하는 것이고, 증권사에서 기존 주식을 매입하면 거래 시장에 참여하는 것이 된다.

개인이 개인에게서 돈을 빌리는 '사채'는 직접 금융의 일종으로 볼 수 있다. 돈을 필요로 하는 사람과 돈을 갖고 있는 사람이 직접 거래하니 그렇다. 최근 유행하는 P2P(Peer to Peer) 대출도 직접 금융의 일종으로 볼 수 있다. P2P 대출을 다루는 중개업체의 홈페이지나 앱 등에 대출을 원하는 사람이 자신의 상황, 재무 상태, 상환 계획 등을 올리면 관심 있는 사람이 신청자에게 돈을 빌려주는 거래가 이뤄진다.

P2P 대출은 기본적으로 경매 방식을 취한다. 돈을 필요로 하는 사람이 자신의 신용도와 소득 등을 밝힌 후 빌리고 싶은 금액을 중개 회사 게시판에 올리면, 가장 낮은 금리를 제시하는 사람부터 낙찰을 받아 돈을 빌려주는 식이다. 예를 들어 200만 원을 빌리겠다는 요청에

대해 30만 원(이자율 10%), 40만 원(12%), 50만 원(15%), 60만 원(18%), 20만 원(20%), 50만 원(25%) 등 6명의 투자자가 모집되면 금리가 낮은 순서부터 낙찰시켜 200만 원(30만 원+40만 원+50만 원+60만 원+20만 원)을 채우고 가장 높은 금리를 제시한 50만 원(25%)은 빌려주지 못하는 방식이다.

빌려주는 사람과 빌리는 사람 간의 직거래 시스템이라 차입자는 대부업체보다는 낮은 금리에 돈을 빌릴 수 있고, 투자자는 은행 예금보다 높은 수익률을 올릴 수 있다. 돈을 빌리는 사람과 빌려주는 사람 모두 윈-윈 효과가 나는 것이다. 중개업체는 돈을 빌리는 사람에게 약간의 수수료를 받아 수익을 낸다. 약속한 만기가 돌아오면, 돈을 빌린 사람은 돈을 빌려준 사람들에게 채무를 상환하면 된다. 돈을 못 갚게 되면 그 부담은 중개업체가 지지 않고 전적으로 돈을 빌려준 사람이 진다. 그래서 투자자 입장에서는 돈을 떼일 위험이 존재한다. 은행 이자보다 고수익을 추구하는 과정에서의 위험 부담으로 인식할 필요가 있다.

P2P 대출은 외국에서 급성장하고 있다. 금융감독원에 따르면 중국의 2013년 P2P 금융 시장 규모는 11조 1,000억 원에 달한다. 미국(2조 5,000억 원), 영국(8,300억 원), 일본(1,290억 원)도 큰 편이다. 이 가운데 미국은 2007년 8,500만 달러에서 2013년 24억 2,100만 달러로 시장 규모가 급증했다. 2013년 시장 성장률은 178.3%에 이르렀다. 이처럼 시장이 커지자 기존 대기업들의 관심도 커지면서, 미국 대

직접 금융	간접 금융	자산운용
주식, 채권, 사채, P2P 대출, 크라우드 펀딩	은행, 저축 은행	자산운용사, 보험사

표 기업 구글이 2013년 5월 미국 내 P2P 대출 1위 업체인 '렌딩클럽 (LendingClub)'에 1억 2,500만 달러의 지분 투자를 하기도 했다.

같은 방식으로 인터넷에 기술 아이디어를 올리면 이를 보고 투자하는 형태의 크라우드 펀딩도 있다. 크라우드 펀딩 중개업체 홈페이지에 자신의 기술을 소개하는 글을 올리면 게시판 이용자들이 이를 보고 투자금을 보내는 식이다. 이후 발생하는 수익은 지분대로 나눠 갖는다. 투자자를 제대로 구하지 못하던 기업과 저금리로 고민하던 투자자 모두 윈-윈(Win-Win) 효과를 낼 수 있다. 이 역시 직접 금융의 일종이다.

주선자가 있는 간접 금융

'간접 금융'은 돈 거래를 주선하는 중개자가 있는 금융을 뜻한다. 은행 예금과 대출이 대표적이다. 우리가 예금을 하면 은행은 이를 모아 돈이 필요한 개인과 기업 등 자금 수요자에게 대출을 해준다. 간접 금융에서는 은행이 주도적인 역할을 하고, 은행은 예금보다 대출 금리를 높게 받아 수익을 낸다.

물론 직접 금융 시장에도 증권사 등 중개자가 있다. 그렇지만 자금 수요자와 공급자를 만나게 하는 역할에 그치며, 이 시장에서는 공급자가 자신의 돈이 누구에게 흘러들어 갔는지를 알 수 있다. 우리가 삼성전자 주식을 매입하면 삼성전자에 돈이 공급됐다는 사실을 알 수 있는 식이다. 하지만 예금자 등 간접 금융 시장의 자금 공급자는 자신의 돈이 누구에게 갔는지 알 수 없다. 은행에 예금한 내 돈이 누구에게 대출됐는지 알 수 없다는 얘기다. 돈을 빌리는 사람도 은행에서 대출 받았다고 생각할 뿐, 어떤 사람의 예금에서 돈이 나왔는지 알지 못한다.

돈을 굴리는 자산운용 %

자산운용은 자금의 공급자와 수요자를 이어주는 것과는 큰 관련이 없다. 자금을 굴리는 데 전문적인 지식을 갖춘 회사가 투자자들로부터 자금을 모아 수익을 낸 뒤 그 이익을 나눠 갖는 게 자산운용의 목표다. 다만 자산운용은 간접 금융과 직접 금융 시장 모두에 영향을 미친다. 자산운용사가 투자 수익을 내기 위해 간접 금융과 직접 금융 시장에 깊숙이 참여하기 때문이다. 자산운용사가 직접 금융 시장에 참여해 주식 투자로 수익을 내거나, 거액의 예금에 가입해 이자 수익을 내는 식이다.

보험은 자산운용과 간접 금융이 결합된 형태로 볼 수 있다. 불특정 다수로부터 보험료를 거둔 다음, 이를 주식이나 채권 등에 투자해 돈을 불리다가, 가입자에게 보험 사고가 발생하면 보험금을 지급하는 시스템이기 때문이다. 보험 가입자들은 자신이 낸 보험료가 보험사를 거쳐 누구에게 지급됐는지 알 수 없고, 보험금을 받을 경우에도 누구로부터 거둬서 만들어진 돈인지 알 수 없다. 이에 간접 금융의 성격을 갖는다. 또한 보험사가 거둔 보험료를 투자해 수익을 낸 뒤 이것의 일부를 가입자에 돌려준다는 점에서 자산운용의 성격도 갖는다.

직접 금융, 간접 금융, 자산운용 간의 장벽은 갈수록 희미해지고 있다. 대부분의 금융 회사가 모든 시장에 동시에 참여하고 있기 때문인데, 간접 금융을 주로 담당하는 은행이 직접 금융 시장에서 채권을 발행해 돈을 모으는 것이 대표적이다. 다만 금융 회사별로 업무 영역에 다소간의 제한이 있을 뿐이다. 금융은 우리 일상생활에서도 자주 이뤄진다. 친구에게 돈을 빌려주는 것은 직접 금융이고, 회사 노조가 거둔 회비 일부를 조합원 대출에 활용하는 것은 간접 금융이다. 다른 예로 곗돈을 모아 굴리는 임무를 맡은 계주도 자산운용사 역할을 하는 셈이다.

모아놓고 구분하면 쉬운 금융 회사의 종류

금융 시장을 알아봤으니, 이제 참여하는 주체들에 대해 자세히 알아보자. 이들도 물건을 파는 상인처럼 소비자의 마음을 끌기 위해 무한 경쟁을 벌인다.

들어가기 전에 우선 짚고 넘어가야 할 부분이 있다. 일상 속에서 '금융 기관'이라는 용어를 자주 들을 것이다. 은행, 증권사, 보험사 등은 모두 기업인데 '기관'이라고 부른다. 과거에 정부가 금융을 통제하던 시절의 관행이 남아 있어서 그렇다.

금융감독원이나 한국은행과 같이 국가가 운영하는 곳은 금융 기관이라는 표현을 써도 되겠지만, 그 밖의 모든 민간 회사에는 금융 회사라고 정확히 표현하기를 권한다. 금융 거래를 중개한다는 점에서 공공성이 있는 것도 사실이지만 기업은 기업이다. 자, 그러면 이제 본격적으로 금융 회사에는 어떤 곳들이 있는지 알아보기로 하자.

간접 금융 시장의 참여자들

우선 간접 금융 시장의 참여자로는 '은행'이 있다. 은행은 예금을 끌어 모아 돈이 필요한 사람들에게 대출하는 것을 주 업무로 한다. 은행에도 여러 등급이 있는데, 가장 상위에는 전국 단위 대형 시중 은행들이 있다. 그리고 여기에는 못 미치지만 지역을 거점으로 하는 지방 은행들이 있다. 다음으로 저축 은행, 조합, 새마을금고 등이 있다.

당연히 시중 은행의 업무 영역이 가장 넓다. 저축 은행 등 규모가 작아질수록 업무 영역이 줄면서 안정성도 떨어져 예금 금리를 높게 지급하는 경향이 있다. 그래야 예금자를 모을 수 있기 때문이다. 높은 금리를 주고도 수익을 내려면 대출 금리도 높게 받아야 한다. 그래서 신용도가 낮은 중소기업이나 서민들이 저축 은행 등의 대출을 이용하게 된다. 저축 은행 등을 서민 금융 기관이라고 부르는 이유다.

조합은 조합원들로부터 회비를 걷어서 이를 대출 등으로 운용한 뒤 수익을 돌려주는 데 목적이 있다. 조합원들에게 상대적으로 낮은 금리에 대출하는 기능도 수행한다. 농민, 어민, 지역민 차원의 조합이 각각 농협, 수협, 신협이다. 이들이 지역별로 모여 조합을 결성한 뒤 각종 금융 활동을 벌이는 게 우리가 주변에서 흔히 볼 수 있는 농협,

수협, 신협 등의 단위 조합이다. 경남 통영의 농협 단위 조합, 전남 목포의 농협 단위 조합 같은 식이다.

물론 조합도 일반인에게 문호를 연다. 우리가 농협에 자유롭게 예금할 수 있는 것도 이 때문이다. 신협의 경우 조합원 등록을 해야 예금을 할 수 있으나, 탈퇴 시 돌려주는 몇 만 원 전후의 금액만 내면 조합원 등록을 할 수 있기에 장벽이 없는 것이나 마찬가지다. 조합비는 선택에 따라 많이 낼 수도 있다. 수익이 나면 주식처럼 배당을 해주므로 수익 목적으로 조합비를 많이 내는 사람들도 있다. 다만 특정 기업에 다니는 직장인들끼리 만든 직장 신협은 일반인 가입이 제한된다. 새마을금고는 전체적으로 신협과 성격이 비슷하다.

그런 면에서 조합도 사실상 일반 은행과 별반 다를 바가 없다. 특히 전국적으로 있는 농협과 수협의 단위 조합들은 함께 모여서 중앙회란 것을 만들어 시중 은행 역할도 하고 있다. 농협중앙회와 수협중앙회는 단위 조합과 별도로 전국에 자체 지점을 만들어 시중 은행들과 경쟁을 벌이고 있다. 우리가 거리에서 볼 수 있는 농협 지점에는 단위 조합과 농협중앙회 지점이 혼재돼 있다. 경기도 과천 농협 단위 조합과, 농협중앙회 과천 지점이 각각 존재한다. 우체국도 금융 기능을 수행한다. 우체국 예금은 5,000만 원 이상 무제한 예금보호가 되기에 위기 때면 예금자가 대거 몰리는 경향이 있다.

외국 은행 국내 지점, 줄여서 '외은 지점'도 있다. 말 그대로 외국 은행들이 국내에 설치한 지점이다. 주로 국내로 외환을 유입시켜 이를

요즘 금리 쉬운 경제

투자한 뒤 수익을 내는 것을 목적으로 한다. 수익 중 대부분은 본점으로 다시 보낸다. HSBC, JP모건, 골드만삭스, 모건스탠리 등 글로벌 은행 대부분이 우리나라에 지점을 갖고 있다. SC제일은행과 씨티은행은 외은 지점이 아니다. 이들은 우리나라에서 전국적인 영업망을 갖고 일반 은행 영업을 하는 시중 은행이다. 다만 주인이 외국인일 뿐이다. 그래서 JP모건 등은 외은 지점으로, SC제일은행과 씨티은행은 외국 은행으로 구분해서 부르기도 한다.

특수 은행은 특정한 목적을 위해 정부가 직접 설립한 은행을 뜻한다. 대표적으로 산업은행은 국가 지원이 필요한 기업을 육성하기 위해, 기업은행은 중소기업 지원을 위해, 수출입은행은 기업들의 수출입 업무와 남북협력 지원 업무를 돕기 위해 설립됐다. 이들은 예금을 받지 않고 채권 발행이나 국고 지원을 통해 자금을 마련한 뒤 각종 업무를 수행한다. 해외에서 채권을 발행해 국내에 외화 유동성을 공급하는 역할도 맡고 있다. 사실상 국가 보증이 있어 다른 은행들보다 낮은 금리로 채권을 발행할 수 있다.

특수 은행과 앞서 설명한 외은 지점은 예금을 받지 않고 채권 발행 등을 통해 자금을 모집한다는 점에서 간접 금융 시장보다는 직접 금융 시장 참여율이 높다고 할 수 있다. 다만 경제가 발전하면서 특수 은행의 이 같은 역할도 많이 축소됐다. 대신 기업은행은 거의 시중 은행이 됐고, 산업은행과 수출입은행은 투자 은행으로 영역을 넓혀가고 있다.

간접 금융 회사	여신 전문 회사	직접 금융 회사	기타
은행	카드사	증권사	보험사
저축 은행	캐피털사	자산운용사	보증 전문 회사
새마을금고	대부업체	투자자문사	국책 금융 기관
단위 조합		투사신탁사	협회
조합 중앙회		선물 회사	신용평가 회사
우체국		투자 은행	
외국 은행 국내 지점		사모 펀드	
특수 은행		헤지 펀드	

여신 전문 회사

다음으로 '여신' 전문 회사가 있다. 여신 회사는 돈을 빌려주는 것을 전문으로 하는 금융 회사다. 은행과의 가장 큰 차이는 예금을 받을 수 없다는 데 있다. 여신 회사는 채권을 발행하거나 다른 금융 회사로부터 돈을 빌려 대출 재원을 마련한다.

대표적인 여신 회사가 카드사다. 카드사는 카드 결제에 따른 수수료보다는 현금 서비스 같은 대출 수익이 훨씬 크다. 캐피털사는 금액이 큰 시설물 구매 대출에 특화된 여신 회사다. 자동차 구입 대출이 대표적이다. 자동차를 담보로 수십 개월 분할 상환 대출을 해주는 경우가 많다. 중소기업을 상대로 고액의 기계 구매 대출이나 신용 대출 업무도 많이 취급하고 있다.

대부업체는 신용도가 낮은 서민을 상대로 한 신용 대출(담보 없이 신용도만 확인 후 대출)을 전문으로 한다. 채권 발행 등을 통해 자금을 끌어 모아 높은 금리로 대출을 해줘서 수익을 낸다. 대부업체는 등록 대부업체와 미등록 대부업체로 나뉜다. 등록 대부업체는 정식으로 정부에 등록 신고를 한 뒤 영업하는 업체를 말한다. 러시앤캐시 등이 대표적이다. 미등록 대부업체(사금융)는 등록 절차 없이 개별 영업을 하는 곳을 의미한다.

정부는 미등록 업체들의 등록을 유도하기 위해 다양한 조치를 하고 있다. 그러나 등록 유도가 쉽지는 않다. 각종 규제가 뒤따르기 때문이다. 이에 등록을 하지 않고 연 이자율로 수백, 심지어 수천 %의 이자를 받는 불법 미등록 업체들이 난립해 있다. 정부는 수시로 이들을 적발해 처벌을 내리지만 뿌리 뽑는 것이 쉽지 않다.

대부업체의 높은 금리는 자금 조달비용 외에 은행 대출보다 떼일 확률이 높은 것도 고려한 것이다. 높은 금리를 받아야 상대적으로 많이 떼이면서도 수익을 낼 수 있기 때문이다. 하지만 지나치게 금리가 높다는 비판에 따라 정부가 지정하는 최고 이자율은 계속 낮아지는 추세다.

직접 금융 시장의 참여자들

직접 금융 시장은 주로 투자에 특화된 금융 회사들이 참여한다. 직접 금융 시장에서 자금을 조달한 뒤 이를 다시 직접 금융 시장의 다른 금융 상품에 투자해 수익을 내는 회사들이다. 여러 형태로 나뉘는데, 우선 증권사는 직접 금융 시장에서 판매와 중개를 전문으로 하는 곳이다. 펀드, 채권 등을 판매하고 주식 거래를 중개한다. 자산운용사는 투자를 전문으로 한다. 주식 등 각종 금융자산뿐 아니라 부동산 등에 투자해 수익을 내는 것이 목적이다. 신종 금융 상품을 만들어 판매하기도 한다. 자산운용사와 비슷한 개념의 투자자문사는 주로 거액의 돈을 한 번에 맡기는 투자자를 대상으로 한다. 투자신탁회사는 증권사와 자산운용사가 결합된 형태다. 즉, 자산운용을 하면서 직접 판매도 한다. 이 밖에 선물, 스와프, 옵션 등 파생 금융 상품 투자를 전문으로 하는 선물 회사도 있다.

이렇게 직접 금융 시장에 참여하는 회사들이 업무별로 세세하게 나뉘어 있다 보니 금융 발전이 더뎌질 수 있다는 지적도 나오고 있는 상황이다. 정부는 자본시장통합법을 통해 금융 회사들이 여러 업무를 함께할 수 있도록 하고 있다. 이 법에 따라 설립된 금융 회사들은 은행 및 보험을 제외한 모든 금융 업무를 처리할 수 있다. 다시 말해 판매를 하면서 자산 운용도 할 수 있고 다양한 투자도 할 수 있다. 정부는 이를 위해 금융 회사별로 팔 수 있는 상품을 일일이 열거하던 규제

요즘 금리 쉬운 경제

를 없애고 일정 요건만 갖추면 모든 상품을 만들고 팔 수 있도록 했다. 금융 상품 개발 및 판매 활성화를 위해서다.

이 법을 통해 정부가 의도하고 있는 것은 한국판 골드만삭스, 즉 대형 '투자 은행(Investment Bank, IB)'의 육성이다. 투자 은행은 채권 발행이나 차입을 통해 돈을 끌어 모은 뒤 여러 금융 상품에 투자해 수익을 내는 회사를 일컫는다. 기업의 인수합병을 도와주고, 기업을 인수한 뒤 구조조정 후 되팔아 수익을 내거나, 기업 상장과 채권 발행을 중개하는 등의 사업도 한다. 모두 매우 복잡한 금융 활동이기에 투자 은행은 금융의 첨단에 서 있다는 평가를 받는다. 이들은 수익을 낼 수 있는 일이라면 사실상 뭐든지 하면서 대규모 이익을 내고 있다.

이에 자극받아 기존 시중 은행이 투자 은행 업무에 뛰어드는 경우도 생기고 있다. 'CIB(Commercial Investment Bank)', '유니버설 뱅크(Universal Bank)' 등이 대표적이다. CIB는 투자 은행 업무를 겸영하는 시중 은행을 뜻한다. CIB는 투자 은행과 달리 일반인으로부터 예금을 끌어 모을 수 있다는 점에서 더 경쟁력이 있다. 이때 투자 은행 업무는 별도의 계열사를 통해 하는 경우가 많다. 미국의 JP모건이 대표적이다.

유니버설 뱅크는 계열사 구분 없이 아예 한 조직에서 일반 은행과 투자 은행 업무를 같이 하는 경우를 말한다. 투자 은행 업무를 조직 내 사업부로 두면서 각종 투자 활동을 진행한다. 독일의 도이체방크가 대표적이다. 이들과 구분해 투자 은행 업무를 하지 않거나 소규모로만 하는 일반 시중 은행은 '상업 은행(CB)'이라고 부른다.

정부는 대형 은행을 육성하기 위해 자본시장통합법을 만들면서 일반 시중 은행에도 규제를 많이 풀어줬다. 그렇지만 주의할 필요도 있다. 2008년 금융 위기 때 투자 은행들이 대규모 투자 손실을 보면서 금융 시장을 극도의 혼란 상태로 몰아넣은 사실이 있기 때문이다. 대표적인 투자 은행이었던 리먼브라더스는 파산했고, 메릴린치는 뱅크오브아메리카(BOA)에 인수되는 굴욕을 맛봤다. 이런 일이 벌어지지 않기 위해 적절한 관리감독도 반드시 시행해야 할 것이다.

사모 펀드와 헤지 펀드

투자 은행과 비슷한 개념으로 '사모 펀드(Private Equity Fund, PEF)'와 '헤지 펀드(Hedge Fund)'가 있다. 사모 펀드는 일반인이 아닌 소수의 거액 자산가나 금융 회사로부터 돈을 모아 각종 투자 활동을 벌이는 전문 금융 회사를 뜻한다. 보통 특정 목적을 위해 설립한 뒤 목적을 달성하면 투자금과 함께 수익을 반환하며 해체하는 경우가 많은데, 성과가 좋으면 지속적으로 투자 활동을 하기도 한다. 과거 외환은행을 인수해 거액의 차익을 남긴 론스타가 대표적이다.

사모 펀드는 이처럼 구조조정이 진행 중인 기업을 인수해 정상화되면 높은 값에 되팔아 수익을 내기 위해 만들어진 경우가 많다. 일반 개인 투자자들이 증권 회사나 은행에서 가입하는 펀드는 사모 펀드와 다르다. 이런 펀드는 사모 펀드와 구분하기 위해 '공모 펀드(Public Offering Fund)'라 부르며, 공개적으로 돈을 모아 주식 등에 투자해 수익을 낸다.

헤지 펀드는 각국 금리 차이, 환율 예상 등을 통해 틈새 수익을 노리는 펀드를 뜻한다. 사모 펀드처럼 소수로부터 돈을 모아 국제적으로 투자처를 찾아다니며 투자한다. 미국보다 한국 금리가 높으면 미국에서 돈을 빌려 한국 채권에 투자해 수익을 내는 식이다. 헤지 펀드는 투기를 하는 경우가 많아 골칫거리가 되곤 한다. 투기 대상은 원유 같은 실물부터 환거래 등 가림이 없다. 한국 원화 가치가 폭락할 것 같으면 갖고 있던 원화를 모두 내다 판 뒤 가치가 바닥에 이르면 재매입해 수익을 낸다. 이런 행위는 실제 가치 폭락을 불러와 외환 위기를 일으키기도 한다. 또한 원유 가격이 급등할 것 같으면 미리 원유를 사들여 가격이 오르면 되팔아 수익을 낸다. 이처럼 미리 원유를 사들이는 과정에서 수요가 몰려 실제로 원유 가격 급등을 유발하기도 한다.

기업 지분에 투자 하는 헤지 펀드도 있다. 헤지 펀드는 투자 대상에 제한이 없다. 유명한 조지 소로스가 만든 소로스 펀드가 대표적이다. 최근 들어 헤지 펀드와 투자 은행 사이의 경계가 매우 모호해졌다. 돈이 되는 일이라면 뭐든지 하는 공통적인 특성이 있기 때문이다. 다만 투자 은행이 보다 그럴듯한 회사 조직을 갖추고 있을 따름이다. 한편 헤지 펀드들은 증권사에 설립 과정의 잡무, 투자자 모집, 자산 관리

등을 위탁하는 경우가 많은데 이런 업무를 '프라임 브로커리지 서비스(Prime Brokerage Service, PBS)'라고 한다.

기타 참여자들

보험사는 전체적인 성격이 자산운용사와 유사하다. 일반인들로부터 보험료를 거둬 투자를 통해 수익을 내 보험료 기금을 키운 뒤, 보험 사고를 당한 사람들에게 보험금(수익)을 지급하고 나머지를 자신의 수익으로 삼기 때문이다.

비슷한 개념으로 '공제'가 있다. 같은 직장 또는 직군에 속한 사람들끼리 모여 각자 부담으로 기금을 만든 다음 각종 어려움을 겪는 회원들에게 도움을 주는 단체를 뜻한다. 일반인에게 문호를 열어 사실상 보험사 역할을 하는 공제도 있다. 농협공제가 대표적인 곳이다.

이 밖에도 여러 유형의 금융 회사들이 있다. 보증을 전문으로 하는 보증 회사도 있다. 누군가 은행에서 대출을 받을 때 "돈을 못 갚을 경우 대신 갚아줄 사람을 구해오라"는 경우가 있다. 이런 사람들이나 기업을 위해 수수료를 받고 보증을 서주는 회사가 보증 회사다. 수수료 수입이 보증을 통해 대신 갚아준 돈 보다 많으면 수익을 낸다. 기업 대출 보증을 전문으로 하는 민간 회사인 서울보증보험이 있고, 국가가 중소기업과 서민의 대출 보증을 위해 만든 신용보증기금과 기술

보증기금 그리고 신용보증재단 등이 있다.

이런 곳들 말고도 정부는 '국책 금융 기관'이라는 이름으로 다양한 목적의 금융 회사를 설립해 운영 중이다. 국민에게 낮은 이자의 장기 주택 대출을 공급하는 주택금융공사, 금융 회사들이 어려움에 빠지면 돈을 공급하고 대신 이들의 부실 대출을 가져가 처리하는 자산관리공사, 금융 회사로부터 보험료를 받은 뒤 금융 회사가 파산하면 예금자들에게 보험금을 지급하고 파산한 금융 회사를 구조조정하는 예금보험공사, 해외 금융 시장 정보를 모아 분석해 금융 정책을 위한 자료로 제공하는 국제금융센터, 한국은행이 보유한 외환 보유고를 위탁받아 해외에 투자해 수익을 내는 한국투자공사 등이 대표적이다. 한국투자공사처럼 국가 자산을 운용하는 기관은 '국부 펀드'라고 부른다.

각종 협회도 공적 기능을 수행한다. 원래 설립 목적은 소속 금융 회사들의 이익을 증진하는 데 있지만, 정부가 법으로 설립 근거를 만들어 각종 공적 기능을 부여한 것이다. 은행 대출 기준 금리를 만들고 각종 규정을 만들어 은행에 전달하는 은행연합회가 대표적이다.

신용평가 회사들에 대해서도 숙지해둘 필요가 있다. 원활한 금융 거래가 이뤄지려면 금융 회사와 판매하는 금융 상품이 얼마나 믿을 수 있는지 검증이 필요하다. 이를 전문으로 하는 게 신용평가 회사다. 채권의 신용도를 평가하는 업무도 맡는데, 그 과정에서 자연스럽게 이를 발행한 금융 회사의 기업 평가도 하게 된다. 삼성전자가 발행한 회사채 등급을 산정하기 위해 삼성전자의 안정성을 검증하는 식이다. 일반인의 신용 정보를 모아 분석한 뒤 개개인들에게 신용등급을 부여하는 회사도 있다. 이런 회사를 '크레딧 뷰로(Credit Bureau)'라고 한다. 이 정보는 금융 회사로 전달돼 개인 대출 시 평가 자료로 활용된다.

최근 들어 금융 회사 간 장벽이 많이 사라지는 추세다. 은행이 보험을 판매하는 방카슈랑스(bancasurance)나 펀드 가입을 중개하는 것이 대표적인 사례다. 이를 통해 은행들은 판매 수수료를 받아 추가 이익을 낸다. 아울러 보험사들은 보험 가입자에게 가입 보험을 담보로 대출해주고, 증권사들은 CMA 계좌를 통해 은행이 수행하는 지급 결제 업무를 하도 있다. 금융지주사의 등장은 금융 회사 간 장벽 파괴의 촉진제 역할을 하고 있다. 은행이 지주회사를 설립한 뒤 보험, 증권, 카드사 등을 인수해 여러 업무를 겸영하는 것이다. 신한은행, 신한카드, 신한금융투자, 신한생명을 소유한 신한금융지주와 같은 사례가 대표적이다.

은행, 지상 최대의 빚쟁이

금융 시장 참여자들 가운데 은행의 경우에는 조금 더 자세히 들여다 볼 필요가 있다. 금리와 관련해 가장 중요한 금융 회사이기 때문이다.

은행에게 예금은 부채, 대출은 자산

은행은 기본적으로 '빚을 내서 빚을 주는' 시스템으로 돼 있다. 한마디로 표현해 '남의 돈'으로 장사하는 곳이다. 내가 은행에 예금을 하면 내 입장에서는 자산이지만 은행 입장에서는 이자 지급을 조건으로 빌린 돈이 된다. 은행은 채권 발행이나 해외 차입을 통해서도 추가로 돈을 빌린다. 이렇게 모은 돈을 원래 자기 돈인 자기자본과 합쳐 대출 재원(부채 + 자본)을 만든 뒤 자금을 필요로 하는 가계나 기업에 빌려주게 된다. 이런 식으로 은행이 빌려준 대출 총액은 은행 입장에서 자산이다. 은행은 예금자에게서 빌린 돈을 다른 금융 자산 매입에 사용하기도 한다. 이와 같은 과정을 통해 은행이 돈을 벌어 이익을 내면, 이것이 은행의 자기자본으로 편입되면서 다른 투자를 할 여력이 커지고 결과적으로 전체 자산을 키우게 된다.

즉, 은행 입장에서 예금은 부채고 대출은 자산이다. 은행의 행위를 개인에 비유해 단순화하면, 내가 친구로부터 10억 원을 빌린 뒤 이 가운데 5억 원은 직장 동료에게 빌려주고 5억 원은 동네 지인에게 빌려주는 식이다. 여기서 내가 빌린 10억 원은 부채고, 내가 빌려준 10억 원은 자산이다. 부채를 통해 자산을 만든 경우다. 이런 활동을 통해 빌린 이자보다 빌려줄 때 이자를 더 높게 받아 수익이 생기면 이를 통해 내 자기자본을 늘릴 수 있다.

이런 구조는 태생적으로 불안한 속성을 갖고 있다. 자기 돈이 3,000만 원밖에 없는 은행이 예금 등을 통해 9억 7,000만 원을 빌려 10억 원을 만든 후 그 돈 전체를 대출해줬다고 치자. 대출을 떼이지 않으면 아무런 문제가 없다.

그러나 대출액의 불과 3%, 즉 3,000만 원만 떼이는 일이 발생해도 곧바로 자기자본이 바닥나면서 예금에 피해를 주게 된다. 그러면 예금자들은 불안해져서 너도나도 은행에 예금 상환을 요구하는 일이 벌어진다. 은행이 이에 응하기 위해서는 대출을 회수해 돌려줘야 하는

/ 은행의 간단 대차 대조표

부채 + 자기자본		자산
예금 자기자본	**=**	대출금

데, 당장 대출 회수가 어렵고 결국 인출 요구에 대응하지 못한다면 파
산할 수 있다.

자기자본과 자기자본비율

그래서 이런 일을 미연에 막는 안전장치를 마련해둔 것이 바로 '자
기자본비율(Return On Equity, ROE)' 규제다. 금융 회사가 갖고 있는
자산과 비교한 자기자본의 크기를 나타내는 비율이다. 다시 말해 전
체 자산에서 자기자본이 차지하는 비율을 뜻한다(자기자본의 구성은 이
번 장 마지막 단락에서 자세히 설명할 것이다).

계산은 매우 간단하다. 자기자본을 자산으로 나눠주면 된다. 앞서
예에서 자기자본은 3,000만 원, 자산은 10억 원이다. 3,000만 원을 10
억 원으로 나누면 3%의 자기기자본 비율이 나온다. 금융당국이 이 비
율을 일정 수준 이상 유지하도록 강제하는 것이 자기자본비율 규제다.

/ 주요 시중 은행의 자기자본비율

은행	비율
KEB하나은행	16.26
NH농협은행	15.59
신한은행	15.95
우리은행	15.64
KB국민은행	15.43
IBK기업은행	14.84
카카오뱅크	13.86

자료: 금융감독원

　자기자본비율은 당연히 높을수록 좋다. 자기자본이 많을수록 돈 떼이는 일이 발생해도 버틸 수 있는 여력이 크기 때문이다. 여기에 여러 기준이 있는데, 가장 기본적인 방식이 국제결제은행(Bank for International Settlements, BIS) 기준이다. 국제결제은행은 자산 대비 자기자본비율이 8%를 넘을 것을 권고하고 있다. 은행 자산 가운데 최소 8% 이상은 남에게 빌린 돈이 아닌 자기 돈으로 마련하란 얘기다. 국제결제은행 기준이 국제적인 표준으로 통하면서 자기자본비율을 'BIS비율'이라고 부르기도 한다.

　우리나라 금융당국은 한발 더 나아가 자기자본비율이 최소 12%를 넘도록 강제한다. 자기자본비율이 높을수록 은행 건전성이 강화되는 것을 감안해 보다 보수적인 관점에서 국제결제은행보다 높은 기준을 제시하는 것이다. 실제로 은행들도 14~15%의 자기자본비율을 갖고 있다. 가능한 많은 고객의 신뢰를 얻기 위해 금융당국 규제보다 높은 비율을 유지한다.

은행은 빚 많은 자산가

왠지 든든해진다. 하지만 뒤집어 생각해보면 기업 재무제표 관점에서 은행은 사실상 자기자본비율이 극단적으로 낮은 기업이라고 할 수 있다. 자기자본비율이 15%라면 자산 중 겨우 15%만 자기 돈으로 만들었다는 뜻이 된다. 나머지는 모두 빌린 돈이다. 일반 기업의 자기자본비율은 대체로 50%를 상회한다. 자산 가운데 절반 이상을 내 돈으로 만들었다는 뜻이다.

그런데 은행은 그것이 많아야 15%다. 결국 은행은 알고 보면 엄청난 빚쟁이인 것이다. 더욱이 은행의 자산은 매우 크다. 대형 은행들은 무려 400조 원을 상회한다. 하지만 자기자본비율이 낮기 때문에 예금자들에게 예금 등을 상환하고 남는 순자산은 얼마 되지 않는다. 개인에 비유한다면 9억 원을 빌려 10억 원짜리 집을 산 것과 마찬가지다. 총자산은 10억 원이지만 대출을 제한 순자산은 1억 원에 불과하다. 집을 수십 수백 채 가졌으나 그만큼 빚도 많은 자산가를 연상하면 된다.

또 다른 건전성 지표

자기자본비율 규제는 은행뿐 아니라 저축 은행에도 적용된다. 예·적금 가입이나 채권 구매 등 투자를 할 때 보다 안전한 금융 회사를 고르기 위해서는 자기자본비율을 유심히 살펴보는 것이 좋다.

자기자본비율과 더불어, 총자산순이익률(Return On Assets, ROA), 순이자 마진(Net Interest Margin, NIM), 고정이하 여신비율(None Performing Loan Ratio, NPL) 등도 중요한 지표다. 앞서 언급한 대로 자기자본비율은 자기자본과 비교한 이익률을 의미한다. 자기자본이 10억 원인데 1억 원의 이익을 냈다면 자기자본비율은 10%로 계산된다.

총자산순이익률은 자산 대비 이익률을 의미한다. 총자산이 100억 원인데 1억 원의 이익을 냈다면 1%로 계산된다.

순이자 마진은 금융 회사가 자산을 운용해 낸 수익에서 조달비용을 제한 나머지 금액을 운용자산 총액으로 나눈 수치로, 예금 이자율과 대출 이자율의 격차가 커서 많은 이익을 낼수록 올라간다. 자기자본비율, 총자산순이익률, 순이자 마진이 높을수록 해당 은행의 이익 창출력이 높다고 평가할 수 있다.

고정이하 여신비율은 전체 대출 가운데 떼일 위험이 있는 대출이 어느 정도를 차지하고 있는지를 보여주는 지표다. 수치가 낮을수록 건전하다고 본다. 흔히 우량 저축 은행인지 확인할 때 '88클럽' 가입 은행인지 확인할 때가 많다. 88클럽이란 국제결제은행 기준 자기자

(단위: %)

연도	2011	2012	2013	2014	2015	2016	2017	2018
지표	9.06	6.82	4.15	4.59	2.49	5.34	6.89	7.40

자료: 금융감독원

본비율 8% 이상, 고정이하 여신비율 8% 이하인 저축 은행들을 가리키는 말이다.

자기자본에도 등급이 있다

자기자본은 여러 가지로 구성된다. 우선 '이익금'이 있다. 은행은 이익이 발생하면 이를 주주 배당, 직원 상여금, 세금 등으로 지출한 뒤 남은 잉여금을 자기자본으로 쌓을 수 있다. 이는 당연히 누구 소유도 아닌 은행 자기 돈이다.

'주금'도 있다. 보통주가 대표적이다. 최초 주주가 보통주를 매입하면 자본금으로 들어온다. 주주가 은행 주인이 되는 대가로 은행에 투입한 돈이므로 당연히 은행의 자기자본이다. 보통주보다 이익 배당 등에 앞선 권리를 인정받는 우선주도 있다. 이를 통해 들어온 돈도 은행의 자본금을 구성한다.

이 밖에 '채권' 형태도 있다. 후순위채와 하이브리드채가 대표적이다. 은행 파산 시 예금자 등 은행에 돈을 빌려준 사람들은 은행의 자산을 팔아 나눠 갖는다. 이때 후순위채 보유자들은 돌려받는 순위가 매우 뒤에 있다. 예금자 등 순위가 앞선 사람들이 돌려받고 남은 게 있어야 상환 받을 수 있는데, 그렇지 못하면 후순위채는 상환을 받지 못한다. 따라서 후순위채 매입은 은행 주식을 산 것처럼 위험성이 크다.

게다가 후순위채는 만기가 5년 이상으로 길다. 즉 한 번 매입하면 5년 이상 상환 받지 못한다. 이 같은 성격으로 후순위채는 그 액수만큼 은행 자기자본으로 인정해준다. 상대적으로 오랜 기간 갚을 필요 없이 자기 돈처럼 사용할 수 있으니 자기자본의 일종으로 인정해주는 것이다. 개인에 비유한다면 부모님께 빌린 돈이라고 생각하면 된다.

하이브리드채는 여기서 한걸음 나아간다. 만기가 30년 이상으로 더 길다. 그렇기에 당연히 자기자본으로 인정받는다. 후순위채와 하이브리드채는 만기가 길기 때문에 은행 파산 시 주식에 준할 만큼 상환 가능성이 떨어져 상대적으로 높은 금리가 제공된다. 이에 저금리 시대 각광받는 투자처 중 하나지만 위험이 커 투자에 신중해야 한다.

은행은 이처럼 이익금, 보통주, 우선주, 상환 우선주, 후순위채, 하이브리드채 등을 통해 모집한 자금을 자기자본 계정을 통해 체계적으로 관리한다. 자기자본 중 이익금, 보통주, 우선주 등만 합친 것을 '티어원(Tier 1)', 후순위채 등 나머지도 합한 것을 '티어투'라고 부른다. 그리고 티어원만 따로 떼어내 자산으로 나눠준 것을 '기본 자기자본비율'이라고 한다. 이를 별도로 보는 것은 자기자본 계정 가운데 후순위채보다는 이익금처럼 진정한 의미의 자기 돈이 많을수록 건전성이 올라가기 때문이다. 부모에게 빌린 돈보다 스스로 벌어 자산을 일군 청년을 더 건실하다고 보는 셈이다.

은행보다 금리가 살짝만 높아도 돈이 몰리는 까닭

그렇지만 자기자본비율 규제로는 충분치 않다. 은행은 언제든 많은 돈을 떼여 자기자본 이상의 손실을 보고 파산할 수 있다. 특히 저축 은행 같은 소규모 은행들은 파산하는 경우가 잦다. 이럴 경우 예금자들은 예금을 못 받게 될 수 있다.

금융 회사들은 거미줄처럼 거래관계가 얽혀 있어, 한 회사만 어려움에 빠져도 시스템 위기가 오곤 한다. 금융 위기가 주기적으로 발생하는 것도 이 때문이다. 그래서 그에 대한 안전장치와 한계를 소개한다. 은행과 저축 은행 간에 약간의 금리 차이만 나는 이유를 알 수 있을 것이다.

내 돈 달라면 즉시 내어줄 것, 지급준비제도 🌱

우선 '지급준비제도'가 있다. 예금자가 은행에 돈을 찾으러 오면 즉시 돈을 내어줄 수 있도록 항상 일정 금액을 현금으로 쌓아두도록 한 제도다. 은행 지점 금고 안에 쌓여 있는 현금이 바로 '지급준비금'이다. 거래가 많은 지점일수록 더 많은 현금이 쌓여 있다.

중앙은행인 한국은행은 시중 은행들이 예금 중 얼마만큼을 현금으로 쌓아둬야 하는지 비율을 제시한다. 이를 '법정 지급준비율'이라고 하는데, 예를 들어 100억 원 예금 가운데 10억 원을 지급준비금으로 쌓는다면 지급준비율은 10%(10억 원/100억 원)가 된다. 은행은 이를 반드시 지켜야 한다. 어기면 과태료를 부과 받고 심각할 경우 은행 면허 박탈 조치까지 받게 된다. 현재 한국은행이 예금별로 적용하고 있는 지급준비율은 2~7%다. 100억 원의 예금을 끌어 모은 은행이라면 100억 원 중 2~7억 원은 현금으로 갖고 있어야 한다는 뜻이다. '필요 지급준비금'이라도 부른다.

은행은 이 밖에도 추가로 현금을 준비해둔다. 이를 '임의 적립 지급준비금'이라 한다. 은행들은 평균 현금 거래액을 산정해 지급준비금을 쌓는다. 즉, '이 정도 준비해두면 예금자의 인출 수요를 충분히 맞출 수 있을 것'으로 보고 대비하는 것이다. 이런 임의 적립 지급준비금에 더해 앞서 설명한 법정 지급준비금을 합한 것이 은행이 보유하고 있는 총지급준비금이 된다.

이와 같은 제도가 없으면 은행은 '뱅크런(Bank Run)'을 당할 수 있다. 예컨대 한 예금자가 은행에 예금 인출을 요구했다고 치자. 그런데 은행이 충분히 현금을 확보하지 못한 상황이라 현금을 내주지 못하거나 내주는 데 시간이 걸리면 그 사실이 삽시간에 소문으로 퍼지게 된다. 그럼 불안에 빠진 모든 예금자가 은행으로 달려와 예금 인출을 요구하게 되고, 결국 은행이 예금을 내주지 못하면서 파산하게 된다.

이것이 뱅크런이다. 은행으로 달려가는 상황을 상징화한 말이다. 물론 은행이 대출자로부터 대출을 상환 받아 예금을 내줄 수 있겠지만, 은행이 요구한다고 해서 대출자들이 바로 없는 돈을 만들어 상환하는 것은 불가능에 가까운 일이다. 결국 대출자와 은행이 파산하면서 경제 전체가 곤경에 빠질 수 있다. 지급준비제도는 이 같은 일을 사전에 예방하는 기능을 한다. 미리 쌓아둔 현금으로 일상적인 인출 수요에 대응해 뱅크런을 막는 것이다.

지급준비제도는 또한 대출 규모를 일정 수준으로 규제하기 위한 정책이기도 하다. 한국은행이 시중 은행들에게 예금 가운데 지급 준비금으로 쌓아둬야 할 금액을 늘리도록 지시하면, 그만큼 대출 가능액이 줄어들면서 결과적으로 대출 총액을 줄일 수 있다. 경제 전체적으로 대출이 너무 늘면 빚을 못 갚는 사람이 나오는 등 각종 부작용이 생긴다. 이에 한국은행은 대출이 과도하게 증가할 경우 지급준비율 인상 정책을 편다. 이렇게 하면 은행은 보다 많은 현금을 쌓아야 하고 이 과정에서 대출이 줄어들게 된다.

요즘 금리 쉬운 경제

/ 예금 종류별 지급준비율

예금 종류	지급준비율
장기주택마련저축, 재형저축	0.0%
정기예금, 정기적금, 상호부금, 주택부금, CD	2.0%
기타 예금	7.0%

자료: 한국은행

보험과 성격이 비슷한 예금보험제도

　예금보험제도의 기본 구조는 우리가 갖고 있는 일반적인 보험과 비슷하다. 보험료를 내는 주체와 보험금을 타는 주체가 다르다는 차이가 있을 뿐인데, 금융 회사들은 평소 예금보험공사에 자신들이 문 닫을 경우를 대비해 보험료를 낸다. 이후 실제 금융 회사가 문을 닫는 일이 벌어지면, 예금보험공사는 미리 걷은 보험료를 기반으로 예금자에게 보험금을 지급한다.

　다시 말해 보험료를 내는 것은 금융 회사지만 보험금을 타는 쪽은 예금자다. 이때 보험금은 받지 못한 예금의 원금과 '소정'의 이자다. 소정의 이자는 시중 은행 평균 예금 금리에 따른 이자를 지칭한다. 이를 통해 예금자들은 받지 못한 예금의 원금뿐 아니라 이자도 일정 부분 챙길 수 있다.

　보험금 지급 방식은 부실 금융 회사의 처리 방식에 따라 달라진다.

부실 금융 회사의 처리 방안은 크게 3가지다. 다른 금융사로의 피인수합병, 가교 은행 편입, 파산 등이다. 이 가운데 피인수합병은 부실 금융 회사를 다른 금융 회사가 사들여 합치는 방식이다. 이 경우 투자자 피해는 없다. 예·적금은 물론 후순위채(5년 이상 긴 기간 동안 은행에 돈을 빌려주고 받은 채권이기에 은행 파산 시 받아내기 어렵다)까지 인수자에 모두 넘어가기 때문이다. 그래서 원금과 함께 약속했던 이자를 모두 받을 수 있다.

가교 은행 편입은 예금보험공사가 금융 구조조정을 위해 설립해놓은 가교 은행에 부실 금융 회사를 편입시키는 방식을 의미한다. 가교 은행이란 부실 금융 기관을 정리하기 위해 한시적으로 해당 금융 기관의 업무를 대신하는 은행을 뜻한다. 가교 은행 편입은 저축 은행의 자산 부채 가운데 우량한 것만 골라 선별적으로 다른 주체에게 넘기고 해당 저축 은행은 문을 닫게 하는 P&A(Purchase & Assumption)도 포함한다. 예금보험공사는 부실 금융 회사를 한데 모아 하나의 법인(가교 은행)으로 묶어 관리하다가 정상 궤도에 오르면 민간에 매각한다.

이 경우 지급 방식이 예금액별로 엇갈린다. 원금과 약속 받았던 이자를 합쳐 5,000만 원 이하의 예·적금 투자자들은 가입 당시 이율대로 원리금 모두를 보장받는다. 계약이 가교 은행으로 넘어가기 때문이다. 반면 5,000만 원 이상 예·적금 투자자들은 5,000만 원까지는 보장되지만 5,000만 원을 넘는 부분은 보장받기 어렵다. 5,000

요즘 금리 쉬운 경제

만 원 이상 예·적금은 가교 은행으로 넘기지 않고 소멸시켜버리기 때문이다.

대신 예금보험공사가 예금보험기금을 활용해 해당 예금자에 대해 5,000만 원까지는 보험금을 지급한다. 이를 넘는 부분은 금융 회사 부실 해결 후 남은 부분이 있으면 일부 보전 받을 수 있다. 후순위채 투자자들은 투자금을 돌려받기 더 어렵다. 5,000만 원 이상 예·적금 투자자에까지 예금액을 모두 지급하고 남은 부분이 있어야 투자금을 상환 받을 수 있기 때문이다. 이런 일이 실현될 가능성은 제로에 가깝다. 그 정도 여유가 있었다면 은행이 파산할 일도 없었을 테니까.

은행을 파산시킬 경우 5,000만 원 이상 예·적금이나 후순위채 투자자들은 위에서 설명한 가교 은행으로 넘어가는 경우와 같다. 5,000만 원 이하 예·적금 투자자들은 보험금 지급을 통해 원금뿐 아니라 이자까지 보장받되 가입 당시 이자율이 적용되지 않고 소정의 이자율이 적용된다. 이처럼 5,000만 원 이하에 대해서 원금뿐 아니라 이자까지 보장해주는 것은 저축 은행 등 서민 금융 회사에도 예금자들이 떼일 두려움 없이 안심하고 예금할 수 있도록 하기 위해서다.

한편 은행이 판매하는 모든 상품이 예금보호가 되는 것이 아니다. 은행 창구에서 직접 가입하더라도 생소한 상품이라면 예금보호가 되는지 반드시 확인해봐야 한다.

/ 부실 은행 정리 방식에 따른 자금 보전

구분	5,000만 원 이하 예금	5,000만 원 초과 예금	후순위채
다른 금융 회사로의 피인수합병	피해 없음	피해 없음	피해 없음
가교 은행 편입	피해 없음	5,000만 원 초과 부분 피해	돌려받기 어려움
파산	소정의 이자율로 원리금 보장	5,000만 원 초과 부분 피해	돌려받기 어려움

자료: 예금보험공사

도덕적 해이 부추기는 예금보험제도

그러나 예금보험제도는 '도덕적 해이'를 부추기는 단점이 있다. 은행이 파산하더라도 5,000만 원 이하로만 예금하면 돈을 떼일 염려가 없으니, 은행이 얼마나 우량한지 확인하지 않고 금리에 따라 움직이기 때문이다. 금리가 높다면 위험성이 크다는 의심을 해보는 것이 정상이지만, 예금보험제도를 믿고 확인하지 않는 경우가 많다. 은행이 예금자에게 높은 이자를 지급하기 위해서는 많은 이자를 받을 수 있는 위험한 대출을 해야 한다. 이렇게 되면 해당 금융 회사의 파산 가능성이 높아진다. 이런 은행에 대해서는 예금을 꺼려해야 한다. 하지만 예금보험제도가 있기에 금리만 보고 움직이는 경우가 태반이다.

저축 은행이 대표적이다. 저축 은행은 파산 위험이 상대적으로 커서 예금을 주저하는 게 당연하다. 그런데 예금보험을 해주니 너도나도 금리가 높은 저축 은행에 몰린다. 사실 저축 은행이 은행보다 어마무시하게 높은 금리를 주는 것은 아니다. 약간의 차이만 있다. 예금보험제도가 존재하기에 약간만 높은 금리를 줘도 충분히 예금을 모집할 수 있다. 만일 예금보험제도가 없다면 저축 은행은 엄청나게 높은 금리를 줘야 겨우 예금을 모집할 수 있었을 것이다.

예금보험제도를 통한 저축 은행의 예금 증가 자체를 문제 삼을 수는 없다. 진짜 문제는 예금의 쓰임새다. 저축 은행 설립 취지상 예금은 중소기업이나 서민 대출에 사용되는 것이 가장 바람직하다. 시중 은행에서 대출을 받지 못하는 계층을 위한 대출 창구로 활용되는 것이다. 그렇지만 대부분의 저축 은행은 부동산 프로젝트 파이낸싱(Project Financing, PF) 대출, 부실 채권 매입 등 수익성이 높은 투자만 선호한다.

이 같은 방식은 경기가 좋을 때는 크게 문제되지 않지만 경기가 나쁠 때는 재앙이 될 수 있다. 실제로 2010년대 초반 금융 위기 당시 투자 대상이 크게 부실해지면서 문제가 된 바 있다. 당시 문을 닫는 저축 은행이 대거 나오는 이른바 '저축 은행 사태'가 벌어졌다. 금리만 보고 움직이는 예금자, 막대한 예금액으로 위험한 투자를 일삼은 저축 은행 모두 도덕적 해이에 빠지면서 최악의 사태를 불러왔다.

이런 도덕적 해이 문제로 인해 예금보험제도를 개편해야 한다는 목소리가 나오고 있다.

첫째는 '예금자 책임 강화'다. 비정상적으로 고금리를 주는 예금을 예금보험 대상에서 제외하는 것이다. 그러면 이런 예금에 대해서는 가입자 스스로 조심하게 될 것이다. 이때 원금은 보상하더라도 이자 전체 또는 일부를 지급 대상에서 제외하는 형태도 가능하다.

둘째는 '예금보험료율 차등화'다. 현재는 권역별로만 차등화돼 있다. 파산 가능성이 거의 없는 은행권은 낮은 보험료를 내고 저축 은행들은 높은 보험료를 내는 식이다. 이런 체계를 개별 금융 회사로 세분화해서 파산 위험이 커진 금융 회사는 높은 보험료를 내도록 하는 방안이 가능하다. 현 체계에서는 은행이라면 같은 낮은 보험료를 내고 저축 은행이라면 같은 높은 보험료를 내는데, 은행 내와 저축 은행 내에서도 차등화를 두자는 것이다. 이와 함께 높은 보험료를 내고 있다는 사실을 시장에 알림으로써 해당 금융 회사가 얼마나 위험한지 인식시키는 것도 가능하다. 그렇게 되면 높은 보험료를 내는 곳에 대한 예금이 줄어들 수 있다. 예금자 보호를 받기는 하지만 실제로 문 닫는 일이 벌어질 경우 제때 예금을 돌려받지 못할 수 있고 일부 이자 손실도 있을 수 있으니 이를 우려해 예금이 줄어들게 된다.

셋째는 '보호 대상 확대'다. 현재 관련법은 예금, 적금, 부금 식으로 보호 대상을 나열하고 있다. 이에 따라 실질적으로 예금 성격을 갖고 있는 증권사의 종합자산관리계좌 CMA(Cash Management Account)나 주가연계증권 ELS(Equity-Linked Securities) 등이 예금보호 대상에서 제외돼 있다. 이런 상황에서 예금보호 대상을 확대하면 개인이 투자

요즘 금리 쉬운 경제

/ 시중 은행과 저축 은행 평균 금리 비교
(1년 만기 예금일 때)

2019년 3월 기준(단위: 연%)

구분	금리
시중 은행 평균	2.05
저축 은행 평균	2.32

자료: 한국은행

할 수 있는 상품이 다양해진다. 그러면 저축 은행 예금 등에 대한 쏠림 현상을 어느 정도 막을 수 있다.

넷째는 예금보험 한도 축소다. 현재 금융 회사에 상관없이 일률적으로 원리금 합계 5,000만 원으로 돼 있는 한도를 경과 기간을 거쳐 1인당 2,000만 원씩으로 대폭 줄여야 한다는 주장이다. 나아가 1인이 아닌 직계 가족을 합쳐 한도를 설정하는 방안, 금융 회사별 한도 차등 적용 등도 검토 가능한 옵션이다.

예금보험 한도 축소는 뜨거운 감자다. 당장 한도를 줄이면 불안해진 예금자들이 예금을 빼려 하게 되고 이는 예금 인출 사태로 이어질 수 있다. 또한 예금보험 한도 축소에 따라 저축 은행 등에 예금 유입이 줄고, 이에 대응하기 위해 저축 은행 등이 대출 회수 등에 나설 경우 시장 혼란이 벌어질 수 있다. 그래서 예금보험 한도 축소는 좀처럼 현실화되기 어려운 과제다. 다만 앞으로 저축 은행 부실 문제가 다시 불거질 경우 본격적인 관련 논의가 이뤄질 가능성은 있으니 주시할 필요는 있다.

입출금 관리 시스템, 지급결제제도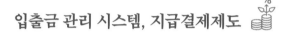

　금융당국은 금융 시장 안정을 위해 '지급결제제도'를 관리하고 있다. 입출금 관리 시스템을 뜻한다. 우리가 금융 회사에 돈을 입금하거나 인출하고 자동이체하는 등의 모든 자금 거래 과정을 포함한다. 현재 완벽한 지급결제 시스템을 운영 중인 권역은 시중 은행이 유일하다. 은행 통장이 있으면 월급을 이체 받을 수 있으며, 타인에게 송금을 하거나 자동이체를 걸어두는 등 모든 금융 거래를 막힘없이 할 수 있다. 은행 외에 저축 은행, 우체국, 농·수·축·신협, 새마을금고 등도 은행과 비슷한 지급결제 서비스를 제공하지만, 수표 발행 등 일부 업무에 제한이 있다. 증권사도 일부 지급결제 업무를 한다. CMA 계좌를 통해 은행과 비슷한 서비스를 받을 수 있다. 다만 업무 제한 영역이 커서 은행보다 활용성이 떨어진다.

　보험과 카드사들은 지급결제 업무를 하지 못한다. 그래서 보험료를 내거나 카드 대금을 납입하기 위해서는 반드시 은행 계좌가 있어야 한다. 보험금을 받거나 카드사로부터 캐시백(Cash Back)을 받을 때도 은행 계좌가 있어야 한다. 보험사나 카드사는 지급결제 기능이 없어서 직접적인 입출금 거래를 할 수 없기 때문이다. 이 같은 제한을 두는 이유는 보험과 카드사까지 지급결제제도에 참여시킬 경우 참여 금융 회사 수가 지나치게 늘면서 전체 시스템이 교란될 수 있기 때문이다. 시스템 유지비용도 크게 늘 수 있다.

보험사들은 자사에도 지급결제계좌를 허용해달라고 요청하고 있다. 성사되면 은행을 거치지 않고 보험사가 만든 통장을 통해 바로 보험료 및 보험금 입출 거래를 할 수 있다. 보험사 입장에서 은행 시스템을 빌려 쓰는 비용 부담을 줄일 수 있고, 체크카드 발급 등 새로운 수익원을 발굴할 수 있다. 또한 계약자들 통장에 들어 있는 돈을 운용해 수익을 낼 수도 있다. 그러나 이런 요구에 대해 은행권은 극렬히 반대한다. 고객을 보험업계에 뺏길 수 있기 때문이다. 지급결제를 둘러싼 은행과 보험권의 대립은 계속 이어질 전망이다.

* P2P 대출 상품에 대한 일반인 투자 *

한국P2P금융협회(www.p2plending.or.kr)를 방문하면 당장 투자할 수 있는 P2P 대출업체들의 명단을 확인할 수 있다. 그중에서 공시자료를 클릭하면 업체별 대출 잔액과 연체율 등의 정보가 나온다. 이 가운데 원하는 업체를 골라 해당 업체 홈페이지에서 회원 가입 후 원하는 대출 신청자를 선택해 돈을 빌려주면 된다. 만기 때 한꺼번에 원리금을 받는 경우도 있고 분할 상환 받는 경우도 있다.

업체들이 수익률을 제시하는 포트폴리오에 투자해도 된다. 여기에 투자하면 업체들이 자동으로 100곳 이상 대출 신청자들에게 내가 투자한 돈을 나눠서 빌려준다.

가급적 많은 사람에게 대출할수록 리스크가 분산되면서 부실 위험이 줄어들게 된다. 이후 대출 신청자들이 돈을 갚으면 약속한 수익률을 받게 된다. 다만 포트폴리오 방식이라고 해도 위험하지 않은 것은 아니다. 많은 대출 신청자들이 빚을 못 갚게 되면 원금 손실을 볼 수 있으니 주의가 필요하다.

* 국내에서 활동하는 대표적인 사모 펀드 *

금융투자협회에 따르면 국내 사모 펀드 시장은 순자산 총액 기준 2018년 말 331조원으로 공모 펀드 214조 원을 크게 앞서고 있다. 펀드 전체의 투자금 규모가 40~50억 원 정도면 가장 적은 축에 속하고 업계 톱클래스는 수조 원을 굴린다. 국내 1위 사모 펀드 회사 MBK파트너스는 2018년 기준 투자금 총액이 무려 9조 8,900억 원에 달한다. MBK파트너스 외에도 국내 사모 펀드로 한앤컴퍼니, 칸서스 등이 있다. 외국의 유명 사모 펀드는 블랙스톤, 칼라일, 골드만삭스 PIA, KKR, 어퍼니티 등이 있다. 이 가운데 KKR과 어퍼너티는 OB맥주를 2조 1,000억 원에 인수한 뒤 6조 8,000억 원에 팔아 4조 7,000억 원을 남긴 사례로 유명하다.

하지만 그 어떤 펀드보다 유명한 것은 미국계 사모 펀드 론스타다. 론스타는 외환은행을 헐값 인수했다가 팔아서 4조 6,000억 원의 매각 차익을 남긴 사건으로 큰 비판을 받은 바 있다. 론스타는 외환은행 말고도 서울 스타타워, 극동빌딩 등 여러 부동산을 사고팔아 많은 이익을 남기기도 했다.

제3장

무엇이
금리를
결정하는가

금리를 결정하는 바로미터, 신용등급

금리에 영향을 끼치는 요소 중 가장 중요한 것이 신용등급이다. 높고 낮음에 따라 적용되는 금리 자체가 달라진다. 이번 장에서는 신용등급에 대해 자세히 살펴보기로 하자.

누구나 갖고 있는 신용등급

금융은 신용을 바탕으로 이뤄진다. 각종 돈 거래를 믿고 하려면 상대방의 신용에 대한 신뢰가 있어야 한다. 그런데 타인의 신용은 겉만 봐서는 판단하기 어렵다. 잘 아는 사람이라면 평소 그의 행실을 따져 신용을 판별할 수 있지만, 처음 보는 사람에 대해서는 이런 판단이 불

요즘 금리 쉬운 경제

나이스평가정보(주)	www.creditbank.co.kr
	www.mycredit.co.kr
코리아크레딧뷰로(주)	www.allcredit.co.kr
서울신용평가정보(주)	www.siren24.com

* 기관별로 1년에 3회(4개월 단위) 무료 열람 가능

가능하다. 이럴 때 지표가 돼줄 수 있는 게 신용등급이다. 이를 기반으로 금융 회사들은 수많은 사람과 금융 거래를 한다.

신용등급이 없으면 금융 거래 자체가 불가능하다. 그래서 높건 낮건 누구나 신용등급을 갖고 있다. 최초 어떤 금융 거래를 시작하면 시스템에 의해 자동으로 생성된다. 금융 회사들은 개인과 거래를 할 때마다 그 결과를 자동으로 신용정보 회사로 보내고, 신용정보 회사는 그 정보를 받아 거래 규모나 연체 여부 등을 따져 신용등급을 수시로 업데이트한다. 신용정보 회사는 나이스평가정보, 코리아크레딧뷰로, 서울신용평가정보 등이 있다. 이곳 홈페이지를 방문하면 무료로 자신의 신용등급을 확인할 수 있다.

신용등급에 대한 5가지 오해와 진실

신용등급은 당연히 높을수록 유리하다. 그래야 낮은 금리로 대출

받을 수 있고, 높은 신용카드 사용 한도를 부여받는 등 부가 혜택도 따라온다. 대출 금리가 은행 → 저축 은행 → 대부업체로 갈수록 올라가는 것은 거래하는 사람들의 신용등급이 낮아지는 것과 큰 관련이 있다. 신용등급이 낮은 사람에게 많이 빌려줄수록 떼일 가능성이 커지니 그만큼 높은 금리를 부과하는 것이다.

높은 금리를 피하려면 신용등급이 높게 유지되도록 관리해야 한다. 신용 거래를 연체 없이 성실하게 할수록 올라간다. 그런데 이에 대한 오해가 많다. 크게 5가지를 소개한다.

첫째, 대출 받지 않는 사람의 신용도가 더 높다는 오해다. 진실은 그렇지 않다. 신용등급은 앞으로 1년 내 90일 이상 연체할 가능성이 얼마나 되는지를 수치화한 것이다. 대출 받은 이력이 없는 사람은 연체할 가능성이 얼마나 되는지 판단하기 어려워서 일단 낮은 등급이 부여된다. 이에 따라 기존에 대출을 받아서 잘 갚은 사람의 등급이 더 높다.

둘째, 신용 거래를 많이 할수록 등급이 올라간다는 생각도 오해다. 신용 거래가 많다고 무조건 신용이 좋은 것은 아니다. 지금까지 연체를 하지 않았더라도, 지나치게 많은 채무는 연체 위험을 높이므로 등급을 하락시킨다. 자신의 소득을 감안한 적절한 신용 거래를 한 사람의 등급이 가장 높다. 또 여러 금융 회사와 거래하기 보다는 주거래 금융 회사를 정해서 한두 군데만 이용하는 게 보다 유리하다.

셋째, 잦은 신용 조회는 등급을 떨어뜨린다고 여기는 사람들이 많

요즘 금리 쉬운 경제

은데 이 또한 오해다. 신용 조회만으로 등급이 떨어지지는 않는다. 신용 조회가 실제 금융 거래로 이어질 때만 등급이 영향을 받는다. 편리하다는 이유로 전화·인터넷 대출이나 카드사 현금서비스 등을 신청해서 고금리 대출을 받게 되면, 신용등급이 내려간다. 이런 대출은 주로 고위험군이 이용하는 대출이므로 신용등급에 악영향을 준다. 그러나 거래로 이어지지 않은 등급 조회는 등급을 떨어뜨리지 않는다.

넷째, 공과금 등 연체는 신용등급과 관련 없다는 얘기도 도는데 그렇지 않다. 공과금, 카드이용대금, 통신요금 등의 소액 단기 연체는 한두 번은 상관없지만 반복되면 신용등급에 영향을 준다. 이에 따라 자동이체 등으로 소액 연체를 막아야 한다. 소액이라 하더라도 무조건 연체가 발생하지 않도록 잘 관리해야 한다.

다섯째, 체크카드만 사용하면 등급이 내려간다고 믿는 사람들이 있으나 역시 오해다. 과거에는 체크카드 사용자가 대금을 연체할 가능성이 얼마나 되는지 알기 어렵다는 이유로 등급 산정 때 불리했다. 그러나 체크카드 사용이 장려되는 상황에서 체크카드 사용자의 등급이 내려가는 것은 불합리하다는 지적이 제기되면서, 체크카드를 사용하는 사람에게 불이익을 주는 조항이 없어졌다. 이에 따라 체크카드만 잘 사용해도 등급이 올라갈 수 있다. 다만 3년마다 한 번은 신용카드 사용 이력이 있어야 한다. 신용등급을 부여받을 수 있는 최소한의 조건인 셈이다. 결국 체크카드와 신용카드를 적절하게 섞어 활용하는 게 좋다.

내 신용등급이 소득이나 재산 수준에 비해 낮다고 생각되면 이의를 제기할 수 있다. 우선 신용평가 회사에 설명을 요구하면 된다. 그러면 신용평가 회사는 신용등급 산정 때 반영된 소득 등 여러 요소와 평가 비중, 최근 달라진 개인 신용 정보가 신용등급에 미친 영향, 신용등급을 높이기 위해 개선해야 할 점 등을 구체적으로 설명하게 돼 있다. 여기에 만족하지 못하면 금융감독원의 '개인신용평가 고충처리단'에 민원을 넣으면 된다. 이후 고충처리단은 신용평가 회사의 등급 산정에 문제가 있는지 살펴보고, 문제가 발견될 경우 시정 조치를 해준다.

기업에 더 후한 신용등급

기업도 신용등급이 있다. 다만 기업은 신용평가 회사에 대가를 지불하고 자사의 등급을 판별해달라고 요청해야 한다. 개인은 돈을 내지 않아도 자동으로 등급이 부여되지만, 기업은 대가를 지불해야 등급을 받을 수 있다. 기업이 돈을 내고 등급을 부여받는 이유는 대출 등 금융 거래를 위해서다. 신용등급이 없는 기업은 은행이나 투자자들이 신뢰할 수 없기에 대출이나 회사채 투자를 받을 수 없다. 그래서 돈을 내고 등급을 부여받는다.

그런데 신용평가 회사들이 돈을 받고 등급을 부여해주다 보니 기업 눈치를 보는 경우가 많다. 엄격하게 등급을 부여했다가 다른 신용평

Moody's	Aaaa	Aa1 Aa2 Aa3	A1 A2 A3	Baa1 Baa2 Baa3	Ba1 Ba2 Ba3	B1 B2 B3	Caa	Ca	C
S&P	Aaaa	AA+ AA AA−	A+ A A−	BBB+ BBB BBB−	BB+ BB BB−	B+ B B−	CCC	CC	C
Fitch	Aaaa	AA+ AA AA−	A+ A A−	BBB+ BBB BBB−	BB+ BB BB−	B+ B B−	CCC	CC	C

가 회사로 고객 기업들이 거래처를 바꿔버릴 수 있기 때문이다. 이에 따라 기업이 어려움에 빠져도 여간해서는 신용등급이 내려가지 않다가 큰 문제가 불거지고 나서야 등급이 내려가는 경우가 많다. 기업 신용 상황에 문제가 발생하면 바로 등급에 반영해야 하는데, 미루고 미루다가 큰 문제가 터진 뒤에야 등급을 낮추는 것이다. 이 과정에서 기업 부실을 제대로 파악하지 못한 채 투자했다가 피해를 보는 투자자들이 나온다.

강대국 눈치 보는 신용평가사

각국 정부도 신용등급이 있다. 세계 3대 신용평가 회사가 등급을 부

/ 무디스의 한국 신용등급 추이

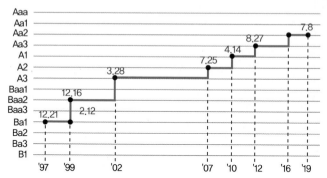

여한다. 3대 신용평가사는 S&P, 무디스, 피치 등 세 곳이다. 국가는 세수가 부족할 때 국채를 발행해 자금을 모으는데, 국채 투자자들이 국가 신용등급을 보고 투자를 결정한다.

3대 신용평가 회사는 강대국일수록 눈치를 보는 경향이 있다. 미국 같은 나라에 잘못 보였다가 사업에 큰 차질이 올 수 있기 때문이다. 반면 힘이 약한 나라에 대해서는 엄격히 평가한다. 그래서 강대국일수록 등급이 높고, 힘이 약한 나라는 경제가 탄탄해도 제대로 평가를 받지 못하는 측면이 있다.

우리나라는 S&P와 무디스부터 각각 세 번째로 높은 AA, Aa2 등급을 부여받고 있다. 피치로부터는 네 번째로 높은 AA⁻ 등급을 받고 있다. 우리나라는 저성장 문제에 직면해 있지만 경제 구조의 안정성은

요즘 금리 쉬운 경제

비교적 좋은 평가를 받고 있어 높은 등급을 유지하고 있다. 그러나 저출산 고령화와 북핵 리스크 등의 문제가 불거지면 언제든 등급이 떨어질 위험이 있다.

미국은 A가 4개?

신용등급이 허울에 불과하다는 지적도 있다. 2011년 10월의 미국을 통해 살펴볼 수 있는데, 신용평가 회사 S&P는 미국 국채 신용등급을 AAA에서 AA+로 강등시켰다. 오랜 재정 적자와 경상적자 누적 등의 이유를 들어 신용등급을 깎은 것이다. 미국이 최고 신용등급 자리에서 내려온 사건으로 무척 이례적인 일이었다. 당시 상황은 '미국발 신용등급 강등 위기'로까지 불렸다.

그런데 이때 마이크로소프트, 존슨앤드존슨, 오토매틱데이터프로세싱, 엑슨모빌 등 4개의 미국 기업들은 그대로 AAA 등급을 유지했다. 미국 정부보다 신용등급이 높은 것이다. 그렇다면 이들 4개 기업의 채권 금리가 가장 낮아야 한다. 하지만 아니었다. 4개 기업 회사채 금리는 미국 국채보다 평균 0.81%포인트 높게 형성됐다. 등급상으로 가장 안전한 채권인데 미국 국채보다 높은 금리로 거래된 것이다. 신용등급이 높은 사람이 자신보다 등급이 낮은 사람보다 높은 이자율로 돈을 빌린 셈이다.

이 같은 일이 벌어진 까닭은 미국 국채의 신용등급 강등에도 불구하고 투자자들은 여전히 미국 국채를 가장 안전한 자산으로 여겼기 때문이다. 재정 문제에서 위기가 비롯됐지만 경제가 어려울 때는 그래도 미국 국채밖에 믿을 게 없다는 인식이 사람들에게 퍼져 있었던 것이다. 이런 이유로 미국 국채로 계속 수요가 몰리면서 미국 국채 금리는 신용등급 강등에도 불구하고 오히려 하락세를 나타냈다. 겉으로 드러나는 신용등급은 깎였지만 여전히 가장 든든하다고 여겨지면서 계속 더 낮은 금리로 돈을 빌리는 상황이 연출됐다. 당시 이를 두고 AA⁺인 미국 국채의 금리가 AAA 채권의 금리보다 낮으니, 미국 국채가 AA⁺가 아닌 쿼드러플 A(AAAA)라는 조소 섞인 분석이 나오기도 했다.

이처럼 보통의 경우에는 국채 금리는 회사채 금리보다 훨씬 낮게 유지된다. 물론 예외적인 경우도 있다. 헝가리가 2009년 재정 위기를 겪을 당시 헝가리 국고채 금리는 헝가리 기업들의 회사채 금리를 크게 넘어섰다. 헝가리 정부가 헝가리 기업보다 큰 불신을 받은 결과였다. 개발도상국이나 경제 체력이 허약한 국가에서는 이런 일이 가능하다. 그러나 미국과 같은 선진국에서는 웬만해서는 국가가 기업보다 불신을 받는 일이 벌어지지 않는다. 아무리 국가가 어려워져 발생한 위기더라도 기업에 앞서 국가가 먼저 망할 일은 없으리라고 여기기 때문이다.

이에 따라 2011년 당시 S&P가 4개 미국 기업의 회사채 등급을 그

요즘 금리 쉬운 경제

대로 AAA로 유지한 채 미국 국채 신용등급만 강등한 데 대한 비판이 나오기도 했다. 국가가 어려워지면 기업도 함께 어려워지는 게 일반적이니 함께 등급을 깎는 게 맞았다는 분석이었다.

강한 나라일수록
낮은 금리

금리는 국가별로도 차이가 난다. 일반적으로 경제 개발이 시작돼 빠르게 성장하는 나라일수록 금리가 높다. 빠르게 성장하는 나라는 여기저기 투자해야 할 곳이 많다. 공장을 세우고 도로를 깔고 다리를 놓는 등 다양한 투자를 하게 된다. 그러려면 돈이 필요하다. 돈에 대한 수요가 많은 것이다. 그런데 금융 발달이 아직 선진국 수준에 도달하지 못했다면 돈을 구하는 게 용이하지 않다. 돈에 대한 수요 만큼 공급이 원활하지 않은 것이다. 당연히 돈의 가격이 올라간다. 금리가 높아지는 것이다.

반면 경제가 성숙될수록 투자 수요가 상대적으로 적다. 이미 많은 것을 갖춰놨기 때문이다. 그러면서 금융이 발달해 있으니 돈을 구하기도 쉽다. 돈에 대한 수요는 덜한데 구하기 쉽다. 돈의 가격이 내려간다. 금리가 낮아지는 것이다.

결과적으로 선진국일수록 금리가 낮고 개발도상국일수록 금리가 높다. 우리나라 입장에서 보면 한국의 금리는 미국보다는 높고 다른 개도국보다는 낮다.

외국과의 비교는 지금 금리 수준이 얼마나 되는지 가늠할 때 하나의 판단 요소로 삼을 수 있다. 만일 우리나라 기준 금리가 미국 기준 금리보다 낮은 상황이라면, 금리를 올려야겠다고 판단하게 된다. 우리나라 금리가 미국보다 높아야 하는 게 보통은 정상이기 때문이다.

그런데 항상 이 논리가 들어맞는 것은 아니다. 한동안 우리나라 금리가 미국 금리보다 낮은 비정상적인 상황이 이어진 바 있다. 2018년 3월 미국 중앙은행인 연방준비제도(Federal Reserve System, 이하 Fed)가 미국 기준 금리를 기존의 연 1.25~1.5%에서 연 1.5~1.75%로 0.25%포인트 올리면서 한국의 기준 금리 1.5%보다 높아졌는데, 이후에도 미국은 경기 회복에 따른 물가 상승 우려로 계속 금리를 올린 반면, 우리나라는 반대로 경기 침체 때문에 거의 조정하지 않으면서 미국 금리가 우리나라보다 높은 상황이 2년 가까이 이어졌다.

이런 상황이 항구적으로 지속되는 것은 어렵다. 미국은 우리나라보다 경제가 안정적이다. 그런데 미국이 금리마저 높으면 전세계 투자자들이 한국에서 돈을 빼서 미국에 투자하려고 할 것이다. 한국에서 외국 자본이 빠져나가는 것이다. 이것이 누적되면 자칫 외환 위기로 이어질 수 있다. 그래서 미국보다 금리를 높이는 정상화 작업이 필요하다.

한국과 미국의 기준 금리 비교

한국: 연 0.75%
미국: 연 0~0.25%

자료: 한국은행

다만 한국은행은 한동안 정상화 작업을 하지 않았다. 최근 몇 년간 국내 실물 경기가 무척 좋지 않기 때문이다. 이런 상황에서 금리를 올리면 경제 주체들의 어려움이 가중되면서 경기가 더욱 악화될 수 있다. 여기에 내수와 달리 오랜 기간 반도체 중심으로 수출 경기는 괜찮아서 한동안 외화 사정이 양호했다. 외화 유출에 따른 외환 위기를 크게 우려할 사황이 아니었던 것이다. 이런 이유로 한국은행은 미국보다 금리가 낮은 상황을 한동안 지켜봤다. 오히려 일각에서는 경기 침체에 대비하기 위해 금리를 더 낮춰야 한다는 의견이 나오면서 2019년 10월 기준금리를 연 1.5%에서 1.25%로 더 낮추기도 했다. 그러면서 미국과 금리 격차는 더 벌어졌다.

이런 비정상적인 상황은 2020년 세계를 강타한 코로나19 사태로 시정됐다. 미국이 급격한 경기침체에 맞서 기준금리를 연 0~0.25%로 크게 내리면서 한국보다 낮아진 것이다. 한국도 연 0.75%로 대폭 낮췄지만, 더 낮추면 자금 유출이 발생될까 우려해 미국만큼 낮추지는 않으면서 다시 미국보다 금리가 높아졌다.

대출, 담보가 있든지 능력이 있든지

금리 결정은 대출의 종류에도 영향을 받으므로 이 또한 살펴보기로 하자.

담보 대출과 신용 대출

대출은 크게 '담보 대출'과 '신용 대출'로 구분된다. '담보 대출'은 말 그대로 빚을 갚지 못하면 대신 제공할 담보가 있는 대출이다. 담보는 여러 종류다. 주택 담보 대출은 주택을 담보로 하고, 부동산 담보 대출은 부동산을 담보로 한다. 차량 할부도 일종의 담보 대출이다. 먼저 차량을 제공받은 뒤 차 값을 나중에 나눠 갚는 게 차량 할부 시스템인

/ 시중 은행 평균 대출 금리

2019년 3월 기준(단위: 연%)

구분	금리
소액 대출(500만 원 이하)	4.63
주택 담보 대출	3.04
예·적금 담보 대출	3.26
보증 대출	3.48
일반 신용 대출	4.63

자료: 한국은행

데, 할부를 갚지 못하면 차량을 압류당한다는 점에서 일종의 담보 대출이라고 할 수 있다

소설 문학 속에서도 발견할 수 있다. 오세영 작가의 베스트셀러《베니스의 개성상인》에서 수전노로 묘사되는 고리대금업자 샤일록은 대출을 갚지 못하면 주인공의 살 1파운드를 떼어가겠다는 조건으로 돈을 빌려주는데, 이 대출도 '신체'를 담보로 한 담보 대출이라 할 수 있다. 강남 아파트를 담보로 하나 살을 담보로 하나 모두 같은 담보 대출인 것이다.

'신용 대출'은 담보가 없는 대출이다. 즉, 순수하게 대출자가 돈을 갚을 능력이 있는지의 신용만 살펴보고 빌려주는 것이 신용 대출이다. 많은 사람들이 쓰고 있는 마이너스 통장이 대표적인 신용 대출이다. 신용을 평가하는 기준으로는 연체 기록, 소득, 재산 등을 들 수 있다. 당연히 신용이 높을수록 보다 많은 대출을 더 낮은 금리로 받을

요즘 금리 쉬운 경제

수 있다. 신용 대출은 담보 대출보다 금리가 높다. 돈을 떼일 경우 대신 받을 담보가 없으니 당연하다. 또한 대출 받을 수 있는 금액도 소액일 경우가 많다.

다른 형태로 '보증부 대출'이 있다. 대출을 받은 사람이 갚지 못할 경우 보증을 서준 사람이 대신 갚는 형태의 대출을 의미한다. 신용 대출보다 많은 양의 자금을 상대적으로 낮은 이자에 빌릴 수 있다. 신용보증기금 및 기술보증기금 등이 이런 보증에 특화된 기관이다. 보증료를 받고 보증을 서준다. 보증이 있어서 담보 대출처럼 신용 대출보다 낮게 금리가 형성된다.

대출은 이 밖에 빌리는 주체가 개인이냐 기업이냐에 따라 개인 대출과 기업 대출로 나뉜다. 빌려주는 주체에 따라서는 은행 등 제1금융권 대출, 저축 은행·보험·카드·리스사 등의 제2금융권 대출, 대부업체 등의 제3금융권 대출(사채) 등으로 구분된다.

대출의 진화

특수 형태 대출도 있다. 'PF 대출'이 대표적이다. PF는 앞서 잠깐 언급했듯이 프로젝트 파이낸싱의 줄임말이다. 이때 프로젝트는 대형 아파트 단지, 신도시 건설, 댐·도로 등 사회간접자본(Social Overhead Capital, SOC) 시설 등을 의미한다. 이런 대형 사업에는 사업 주체(주로 시행사)가 있다. PF 대출은 사업 주체에 빌려주는 대출을 지칭한다. 프로젝트에 참여하는 건설사들이 보증을 서는 경우가 많다.

'신디케이트론(syndicated loan)'이라는 것도 있다. 여러 은행이 공동으로 특정 주체에 대출해주는 것을 말한다. KB국민은행, 우리은행, 신한은행, KEB하나은행이 각각 1조 원씩을 맡아 모두 4조 원을 삼성전자에 대출해주는 식이다. 이때 금리 조건은 모든 은행이 같게 설정한다. 삼성전자가 각각의 은행에서 별도로 대출을 받으면 금리가 서로 다르지만 신디케이트론을 받으면 금리가 같아진다. 이는 거액의 대출을 할 때 이뤄지며 은행들은 대출을 떼일 위험을 나눠서 지는 효과를 볼 수 있다. 신디케이트론을 할 때는 최초 대출 신청을 받은 특정 은행이 여러 은행에 제안서를 발송한 뒤 관심이 있는 은행들이 모여 '차관단'을 구성해 공동으로 대출하는 방식을 취한다.

대출은 차입자가 이자를 내지 못하거나 원금을 갚지 못하는 상황에 이르면 부실 대출로 전락한다. 은행 입장에서 아무런 수익이 발생하지 않는 여신(대출)이라는 뜻에서 '무수익 여신(non performing loan)'이라고 부르기도 하고, 돈을 받아내는 권리가 부실해졌다는 의미로 '부실 채권'으로도 부른다. 당연하게도 부실 대출은 은행에 큰 손실이 된다. 부실 대출이 누적돼 파산에 이르는 경우까지 있다.

예금도 진화라는 것을 한다. 예금은 정해진 이자율을 주는 게 기본이지만 이자율이 변하는 예금도 있다. 주가연계예금 ELD(Equity-Linked Deposit)가 대표적이다. 이 상품은 가입자가 앞으로 주가 흐름을 예측해 배팅을 한 뒤 이 예측이 맞으면 높은 금리를 주는 예금이다. 주가 상승과 하락 모두에 배팅할 수 있다. 주가 변동률 범위를 정해 만기 시점 또는 가입 중에라도 예측이 맞으면 높은 금리를 준다. 하지만 내 예측이 틀릴 경우 이자를 전혀 받지 못하거나 손해를 봐야한다. 은행과 내가 내기를 해서 이기는 사람이 돈을 버는 구조라고 이해하면 된다.

* 자동차 할부 *

자동차 할부도 대출의 일종이다. 원래는 일시불로 구입해야 하는데 한 번에 큰돈을 지불하기 어려운 만큼 장기에 걸쳐 나눠 낼 수 있게 하는 것이다. 자동차 회사 입장에서는 바로 구매 대금이 들어오지 않으니 손해다. 늦게 받는 만큼 자동차 회사가 구매자에게 돈을 빌려주고 있다고 볼 수도 있다. 자동차 회사들은 그 손해를 구매자에게 전가한다. 일정 비율의 할부 이자율을 부과해서 차량 대금보다 많은 돈을 받아낸다. 실질적인 손해 이상으로 이자율을 부과해 오히려 이익을 보는 경우도 많다.

그래서 많은 자동차 회사들이 적극적으로 자동차 할부 영업을 한다. 매출액을 끌어올릴 수 있는 것은 물론 높은 할부 이자를 받아 금융 수익도 낼 수 있기 때문이다. 일부 수입차 판매 대리점들은 현금 일시불로 구매하러 온 손님에게 각종 혜택을 제시하며 오히려 할부 구매를 권하기도 한다. 자동차 회사 딜러들은 본인이 받는 수당 내에서 소비자에게 혜택을 준다. 할부 판매 때 많은 수당을 받으니 그만큼 혜택도 많이 줄 수 있다. 일시불 구입이 푸대접을 받는다는 느낌이 들

때도 있다. 하지만 그 혜택은 내가 내는 돈에 비하면 결코 많은 게 아니다. 내가 많은 돈을 내니 혜택도 많은 것이다. 자동차 구매 때 꼭 감안해야 할 것이다.

간혹 무이자 할부 프로모션을 하는 것을 볼 수 있다. 이 또한 허울에 불과하다. 보통 무이자 할부는 현금 구매를 하면 할인을 해주거나 선물을 주는 등의 프로모션과 동시에 진행된다. 결국 할인이나 선물을 못 받는 대신 무이자 할부를 받게 된다. 그만큼의 이자를 내는 것이라고 볼 수 있다. 아주 가끔 자동차 판매가 매우 부진할 때 진짜 무이자 할부가 이뤄지는 경우도 있지만, 이때도 현금 구매와 비교해 손해가 없는지 반드시 확인해야 한다.

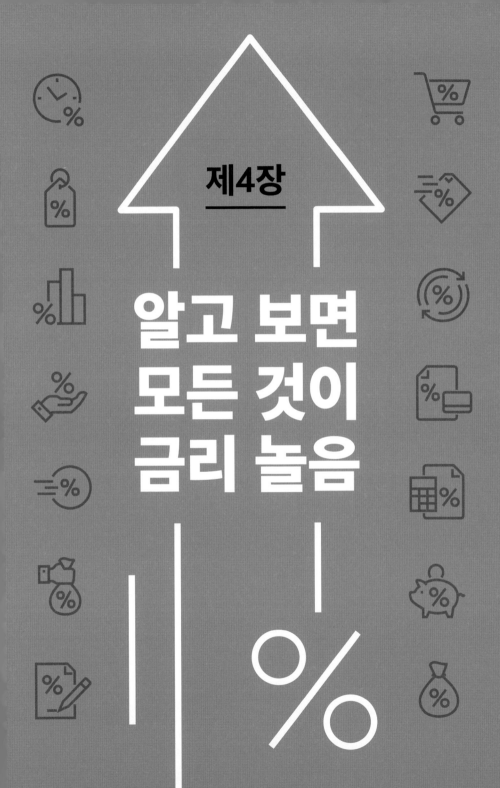

제4장

알고 보면
모든 것이
금리 놀음

금리의 왕
기준 금리

이제 본격적으로 다양한 금리의 세계로 들어가보자. 출발은 금리의 기본 중의 기본, 바로 '기준 금리'다.

기준 금리가 뭐기에

기준 금리는 가장 기본이 되는 금리라는 뜻을 담고 있다. 그래서 '기준'이라는 단어가 붙는다. 한국은행은 매달 한 차례(둘째 주 목요일) 금융통화위원회를 열어 그 달의 기준 금리를 결정한다. 지난달 금리와 비교해 인상, 인하, 동결 중에서 선택한다. 금리 조절은 경제에 어떤 사정이 있어야 가능해서 주로 동결할 때가 많다. 인상하거나 인하할 때는 얼마나 올리고 내릴지 그 폭도 함께 결정한다.

그런데 기준 금리는 실제로는 존재하지 않는다. 가상의 금리다. 대신 한국은행은 '초단기 금융 시장'의 금리가 기준 금리의 숫자대로 결정되도록 시장을 조율한다. 초단기 금융 시장은 보통 만기 7일 이내, 즉 7일 안에 빌리고 갚는 거래가 종료되는 시장을 의미한다. 이 시장은 한국은행이 공급하는 자금이 큰 부분을 차지한다. 한국은행이 자금을 공급하면 금융 회사들이 참여해 필요한 돈을 빌려가는 시장이다.

예를 들어 이번 달 한국은행이 기준 금리를 연 1.5%에서 연 1.75%로 올렸다고 치자. 그러면 곧바로 한국은행 실무진들은 초단기 금융 시장에 대한 자금 공급을 줄인다. 그러면 돈이 부족해져서 금리가 올라간다. 그렇게 초단기 금융 시장 금리가 연 1.75% 수준으로 올라가면 다시 자금 공급에 숨통을 터줘 금리가 더 이상 올라가지 않고 1.75%선에서 유지되도록 한다. 반대로 기준 금리를 내리면 한국은행 실무자들은 초단기 금융 시장에 대한 자금 공급을 늘린다. 그러면 초단기 시장에서 돈이 상대적으로 많아져 자금을 늘린 만큼 금리가 내려간다.

그렇다면 한국은행은 수많은 금리 중 왜 하필이면 초단기 금리를 조절하는 것일까? 이유는 간단하다. 상대적으로 조율하기 쉽기 때문이다. 초단기 금융 시장은 주로 금융 회사들만 참여하므로 참여자 수가 매우 적다.

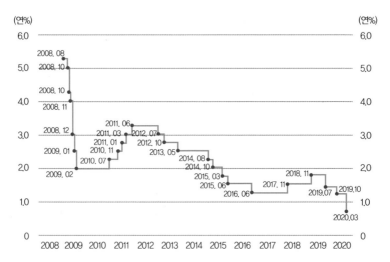

한국은행이 초단기 금융 시장 대신 예금 금리를 조절한다고 가정해
보자. 예금 시장은 수천만 국민이 참여한다. 어디에서부터 손대야 할
지 가늠이나 할 수 있을까? 전체 예금액 통제는 사실상 불가능하다.
반면 금융 회사만 참여하는 초단기 거래는 참여자가 소수에 불과하고
자금 규모도 예금에 비하면 크지 않다. 따라서 더 손쉽게 한국은행이
통제할 수 있다.

모든 금리의 컨트롤 스위치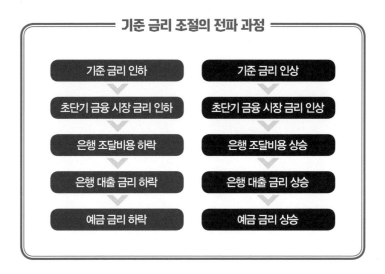

한국은행이 근본적으로 의도하는 것은 기준 금리 변화에 따른 시장 금리 전체의 변화다. 한국은행의 기준 금리 인하 조치에 따라 초단기 금융 시장의 금리가 내려가면 은행들의 자금 조달비용이 내려간다. 더불어 한국은행은 은행들이 한국은행에서 차입할 때 적용하는 금리도 내려준다. 이렇게 은행이 조달하는 금리가 내려가면, 은행이 기업이나 가계에 대출할 때 적용하는 금리도 내려줄 여지가 생긴다. 조달비용이 내려갔으니 기업이나 개인에 대한 대출 금리도 내리는 것이다. 그러면 이에 맞춰 예금 금리도 내려가고 결국 경제 전반적으로 금리가 내려가게 된다.

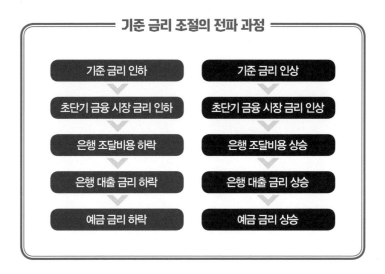

기준 금리 조절의 전파 과정

기준 금리 인하	기준 금리 인상
초단기 금융 시장 금리 인하	초단기 금융 시장 금리 인상
은행 조달비용 하락	은행 조달비용 상승
은행 대출 금리 하락	은행 대출 금리 상승
예금 금리 하락	예금 금리 상승

반대로 기준 금리를 올리면 은행들의 자금 조달비용이 올라간다. 은행이 초단기 금융 시장에서 자금을 조달할 때 이전보다 더 많은 이자를 지급해야 하는 것이다.

이 같은 상황에서 금융 회사가 손해를 보지 않기 위해서는 개인이나 기업에 자금을 빌려줄 때 적용하는 금리를 인상해 예전보다 더 많은 이자를 받아내야 한다. 이런 식으로 단기 금리 인상은 대출 금리 인상으로 연결되고, 연쇄적으로 장기 금리와 채권금리에도 영향을 미친다.

금리 인상은 대출 금리뿐 아니라 예금 금리에도 적용된다. 대출 금리가 올랐는데 예금 금리가 제자리를 유지한다면, 국민은 예금 대신 다른 자산에 투자하거나 은행을 비난하게 될 것이다. 이에 은행들은 기준 금리가 오르면 예금 금리도 인상한다. 결국 기준 금리를 올리면 이를 시작으로 시장의 모든 금리가 오르게 된다.

기준 금리로
물가와 경기를 잡아라

그런데 한국은행은 무엇 때문에 기준 금리를 조절하는 것일까?

금리를 올리면 물가가 안정된다 %

기본적으로는 물가 안정 때문이다. 경기가 뜨거워 물가가 크게 오를 때 한국은행이 기준 금리를 인상하면 이자 부담이 늘면서 대출 받는 게 어려워진다. 그러면 빚 내서 소비하거나 투자하는 일의 부담이 커지면서 전반적으로 재화에 대한 수요가 줄어들고 물가 상승률이 낮아질 수 있다.

사실 경기가 좋을 때는 시장 자체적으로도 자연스럽게 금리가 올라간다. 돈을 빌려 소비나 투자하겠다는 수요가 많아지면서 저절로 금리가 올라가는 것이다. 이는 궁극적으로 물가 안정에 기여한다. 하지만 시장 자체적으로 이런 결과가 나타나기까지 마냥 기다리기에는 물가 상승의 고통이 너무 클 수 있다. 그래서 한국은행이 미리 기준 금리 인상에 나섬으로써 조기에 물가 안정을 유도하는 것이다.

한국은행의 금리 인상은 앞으로 물가가 안정될 것이라는 경제 주체들의 기대와 맞물릴 때 힘이 배가된다. 한국은행이 금리를 올리면서 앞으로 물가가 안정될 것이라는 기대까지 형성되면 미리 소비를 줄이는 행동이 나오면서 실제 물가가 빠르게 안정되는 식이다. 다만 이 과정에서 소비와 투자가 위축되면서 경기가 나빠질 위험이 생긴다.

물가 안정이 무조건 좋을까

그런데 물가 상승률은 무조건 낮은 게 좋을 것 같지만 꼭 그렇지도 않다. 물가 상승률을 낮추는 게 아니라 높이기 위해 한국은행이 금리를 낮출 때도 있다.

물가 상승이 너무 낮거나 특히 물가가 하락하는 일이 벌어지면 경제 활력이 떨어지게 된다. 물가가 계속 떨어지는 상황을 가정해보자. 이렇게 되면 지금 소비하는 것보다 미래에 소비하는 것이 유리하다. 미래에는 더 싼 값에 물건을 살 수 있기 때문이다. 모두가 이런 생각

요즘 금리 쉬운 경제

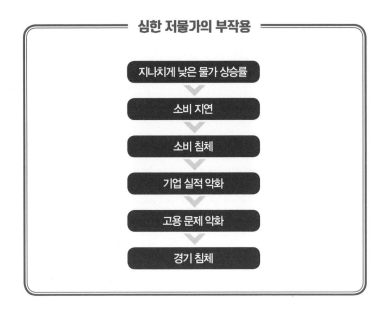

심한 저물가의 부작용

지나치게 낮은 물가 상승률

소비 지연

소비 침체

기업 실적 악화

고용 문제 악화

경기 침체

을 갖게 되면 누구나 지금은 필요 최소한의 소비만 하려 들게 된다. 웬만해서는 소비하지 않고 물가가 계속 떨어지기만을 기다리는 것이다. 결국 소비가 위축되고 기업은 물건을 만들어도 팔 수 없는 상황에 직면하면서 실적이 대폭 악화된다.

이는 고용 문제로 이어진다. 기업들은 실적 악화로 고용을 주저하는데 물가 하락에 따라 실질 임금의 가치가 올라가면서 (같은 월급으로 더 많은 물건을 살 수 있게 돼) 취업하려는 사람은 늘게 된다. 결국 취업하고 싶어도 취업하지 못하는 실업자가 나온다. 이 같은 고용 악화를 막기 위해서는 물가가 내려가는 만큼 임금을 낮춰서 기업의 임금 부담을 완화해야 한다.

하지만 임금을 깎는 것은 쉬운 일이 아니다. 어쩔 수 없이 추가 고용은커녕 있는 사람도 내보내는 사태가 벌어질 수밖에 없고, 곳곳에 실업자가 넘쳐나는 극심한 경기 침체가 벌어지게 된다. 1990년대부터 2010년대까지 일본 경제가 크게 고전한 것은 부동산 가격 급락과 함께 물가 하락 함정에 빠진 것이 큰 원인이었다.

지나친 물가 안정은 경제에 큰 독이 될 수 있다. 그렇기에 한국은행은 이 같은 상황을 막기 위해 물가 상승률이 너무 낮을 때는 더 낮아지지 않도록 물가 상승률을 높이는 정책을 시행한다.

한국은행의 존재 이유

구체적으로 한국은행은 물가 조정 목표를 갖고 있다. 현재 목표는 '소비자 물가 상승률 2%'다. 국내 물가 상승률이 2%는 밑돌지 않도록 제어하겠다는 얘기다. 만약 물가 상승률이 2% 아래로 떨어지면 경기가 침체될 가능성이 있어 금리를 떨어뜨린다. 금리가 내려가면 이자 부담이 줄어들면서 대출 받는 게 쉬워진다. 그러면 빚을 내서 소비하거나 투자하는 일이 늘어나면서 소비와 투자가 호전돼 경기가 좋아진다. 그 과정에서 물가 상승률이 다소 높아지게 된다. 반면 경기가 과열돼 물가 상승률이 2%를 크게 웃돌면 지나친 물가 상승에 따른 폐해

시기 (월)	2018 4	2018 5	2018 6	2018 7	2018 8	2018 9	2018 10	2018 11	2018 12	2019 1	2019 2	2019 3	2019 4
상승률 (%)	1.5	1.5	1.5	1.1	1.4	2.1	2.0	2.0	1.3	0.8	0.5	0.4	0.6

자료: 한국은행

가 우려되므로 금리를 올려 물가를 안정시키게 된다.

이처럼 일정 수준에서 물가 상승률이 결정되도록 기계적으로 금리를 조절하는 중앙은행의 정책 방식을 '테일러 준칙(Taylor's rule)'이라고 부른다. 물가 상승률이 2%를 조금만 웃돌아도 바로 금리를 올리고, 2%를 조금만 밑돌아도 바로 금리를 내려 경제를 실시간 안정시키는 것이다. 준칙이 잘 작동하면 경기 긴축과 과열을 자동으로 막아 물가와 경기를 항상 정상 범위 내에서 움직이도록 할 수 있다. 물가 상승률 목표를 정해 이를 달성하는 전략을 '인플레이션 목표관리 정책'이라고 한다.

한국은행의 금리 결정은 이 밖에도 국제 경제 상황에 많은 영향을 받는다. 중동 정세 불안으로 유가가 오르면서 물가가 크게 오르는 상황이 되자 경기 침체를 감수하고라도 금리를 올리는 식이다. 실제로 어떤 결정이 내려질지는 우선 꺼야 할 불이 물가인지 경기 침체인지의 여부에 따라 달라진다.

목표 못 지키는 한국은행 %

한국은행은 경제 상황에 따라 정기적으로 물가 상승률 목표를 변경하면서 관리하고 있다. 과거 2.5~3.5%의 범위 목표였던 것이 지금은 2%로 단일화됐다. 그런데 지난 몇 년간 한국은행은 이 목표를 지키지 못했다. 물가 상승률이 1% 대로 매우 낮았던 것이다. 목표대로라면 한국은행은 금리를 더 낮춰 경기를 부양했어야 했다.

하지만 한국은행은 그렇게 하지 않았다. 부동산 시장 영향이 컸다. 금리를 낮추면 부동산 대출이 쉬워지면서 가뜩이나 불안했던 부동산 가격이 더 높아질 수 있기 때문이다.

일각에서는 금리를 낮추기보다 오히려 올렸어야 했다는 지적도 나왔다. 정부는 2000년대 후반부터 2010년대 중반까지 오랜 경기 침체를 해결하고자 시중에 막대한 양의 돈을 풀었는데, 이것이 결국 부동산 가격 급등 원인이 됐다. 이런 상황에서는 금리를 크게 올려 남는 돈이 예금 등으로 흘러가게 만들거나, 대출이 어렵도록 만들어 부동산 가격 급등을 막아야 했다는 논리다.

그러나 한국은행은 금리 인상도 하지 않았다. 경기가 위축될까 봐 두려웠기 때문이다. 결국 한국은행이 이러지도 저러지도 못하는 동안 경기는 경기대로 계속 나빠졌고 부동산 가격만 크게 올랐다. 아무 것도 하지 않은 데 따른 결과였다.

2011년에도 비슷한 사례가 있다. 글로벌 금융 위기 해결을 위해 푼

요즘 금리 쉬운 경제

막대한 액수의 돈으로 물가가 크게 오르는 상황이었지만, 세계 경기가 다시 침체될 수 있다는 우려가 나오면서 당시 한국은행은 금리를 인상하지 못했다. 물가가 오르면 금리를 올리고 경기가 침체되면 금리를 내려야 하는데, 2가지 상황이 한꺼번에 발생하니 금리를 올리지도 내리지도 못하고 동결시킨 것이다.

한국은행이 물가 안정 목표를 지키지 못하는 데 따른 처벌은 특별히 없다. 그런데 외국은 다르다. 캐나다와 영국 등은 공개 해명 의무가 있으며, 뉴질랜드에서는 총재 해임이 가능하다. 우리는 이런 처벌 조항이 없어 한국은행이 안이하게 대처하고 있다는 지적도 있다. 다만 여론의 비판은 가능한데, 이를 의식해 한국은행은 자주 물가 안정 목표를 바꾸려고 한다. 2%에서 1%로 낮추는 식이다. 그렇지만 너무 잦은 목표 변경은 물가 안정 자체를 한국은행이 '해야 하는 것'이 아니라 '할 수 있는 것'으로 전락시킬 위험이 있다. 이 과정에서 경제 주체들의 한국은행에 대한 신뢰가 저하될 수 있다.

이래저래 참 어려운 것이 금리 정책이다. 특히 최근 들어서는 시장이 매우 복잡해지면서 한국은행의 금리 조절이 애초 의도했던 경기 진작이나 물가 안정으로 이어지지 못하는 경우가 늘고 있다. 금리를 아무리 내려도 소비와 투자 심리가 살아나지 않으면서 경기가 개선되지 않는 형국이다. 시장에 맞서 금리 정책의 효율성을 높일 수 있도록 한국은행의 꾸준한 노력이 필요하다.

언젠가는 꺼지는 저금리 거품

한국은행의 금리 조절과 부동산 시장의 관계에 대해 좀 더 알아보기로 하자.

집값과 금리

빚을 내서 주택을 구입하는 것은 주택 가격이 오를 때 큰 수익을 발생시킨다. 그리고 누군가 수익을 냈다는 소식이 들리면 곧 다른 사람들도 자극을 받아 투자 대열에 합류하고, 무주택자들의 불안 심리까지 자극하게 되면 결국 너도나도 집을 사겠다고 나서면서 집값에 거품이 끼게 된다.

요즘 금리 쉬운 경제

이 모든 것의 진원지는 '저금리'인 경우가 대부분이다. 금리가 낮을수록 집을 사기 위해 빚내는 일이 용이하기 때문이다. 한 경제연구소에 따르면 2015년 상반기를 기준으로 전국 주택 가격에는 약 32%의 거품이 끼어 있는데, 그 가운데 3분의 2가 저금리로 인해 발생했다. 이후 집값은 더 올랐다. 거품이 더 커졌다.

낮은 금리는 빚내는 일을 쉽게 만들 뿐 아니라 다른 투자 대안의 매력을 줄이면서 집값을 끌어올리게 된다. 주택 가격 상승률이 예·적금 이자율이나 주가 상승률을 훨씬 상회하면서 예·적금이나 주식 대신 부동산으로 자금이 계속 몰리게 만든다. 이렇게 예금이나 주식 시장에 있던 돈까지 부동산 시장에 몰리게 되면 거품은 걷잡을 수 없이 커지게 된다.

거품은 거품일 뿐이다. 지속될 수 없다. 언젠가 거품이 꺼져 위기가 발생할 수 있다. 한국은행은 이를 막아야 하는 책임이 있다. 거품이 제어하기 어려울 정도로 커지기 전에 기준 금리를 올려서 부동산 대출 수요를 줄이고 예·적금에 자금이 가도록 만들어야 한다. 또한 대출을 안고 있거나 대출을 받으려는 경제 주체들의 이자 부담을 늘려 빚을 내서 집을 사겠다는 분위기를 잠재워야 한다. 그래야 부동산 가격이 안정될 수 있다. 금리를 내리면 반대 현상이 벌어진다. 빚을 내서 집을 사는 일이 수월해지면서 집값이 올라가는 것이다.

/ 연도별 서울 아파트 가격 상승률

전년 대비(단위: %)

연도	상승률
2008	3.2
2009	2.58
2010	- 2.19
2011	- 0.44
2012	- 4.48
2013	- 1.84
2014	1.09
2015	5.56
2016	4.22
2017	5.28
2018	13.56

자료: KB국민은행

쉽지 않은 금리 인상

그런데 경제 정책은 그리 쉽지 않다. 경기는 침체되는데 갈 곳 잃은 유동성이 부동산에만 몰리면서 부동산 가격이 급등하는 경우가 대표적이다. 멀리 갈 것 없다. 2017년과 2018년이 그랬다. 이런 상황에서 부동산 가격을 잡겠다고 금리를 크게 올리면 자칫 가뜩이나 좋지 않은 경기를 크게 고꾸라뜨릴 수 있다. 갑작스런 이자 부담 증가를 못

요즘 금리 쉬운 경제

이겨 자영업자나 영세 기업이 줄도산을 하는 식이다.

결국 경기가 좋지 못할 때 부동산 가격을 잡을 목적으로 금리를 인상시키는 것은 무척 어리석은 정책이 될 수 있다. 금리 인상의 부작용이 경제 전반에 영향을 미치면서 경기 침체를 더욱 가중시킨다. 특히 금리 인상은 가계 부채 문제를 폭발시킬 가능성이 있다. 가계 이자 부담이 늘면서 가계가 큰 충격을 받는다.

한국은행은 바로 이런 상황을 우려해 2017년과 2018년의 기준 금리를 거의 조절하지 않았다.

또 다른 대책들 %

금리 인상의 부작용 때문에 정부가 다른 대책을 내놓는 경우도 많다. 금융당국을 통한 대출 규제, 부동산 보유자에 대한 과세 강화 등이 대표적이다. 2017년과 2018년에도 정부는 이런 대책을 주로 내놨다. 공급 확대도 자주 추진했다. 한국은행 차원의 대책은 미시적 규제 정책과 유동성 흡수 정책으로 구별된다.

미시적 규제 정책은 대출 총량 규제, 대출 사전 승인, 은행 창구 지도의 3가지가 있다. 대출 총량 규제는 시중 은행이 대출할 수 있는 총액을 설정한 뒤 이를 넘어서지 못하도록 하는 것을 말한다. 대출 사전 승인은 대출 각각에 대해 건별로 사전 승인함으로써 무분별한 주택

/ 국내 주요 도시 평균 집값

구분	가격
서울	8억 1,139만 원
부산	2억 8,601만 원
대구	3억 581만 원
인천	2억 7,187만 원
광주	2억 7,446만 원
대전	2억 4,290만 원
울산	2억 3,444만 원
세종	2억 9,964만 원

자료: KB국민은행

담보 대출 증가를 막는 정책이다. 은행 창구 지도는 시중 은행의 각 지점 창구를 직접 단속해 대출을 규제한다. 주택 대출의 최고액을 설정해 이를 넘지 못하도록 지도하거나, 특정 담보로는 주택 대출을 하지 못하도록 막게 된다. 하지만 이 같은 정책들은 워낙 강제성이 커서 국민 경제상 긴절히 필요할 경우로 시행이 제한돼 있다.

유동성 흡수 정책은 시중 자금을 흡수해 부동산 시장으로 자금이 흘러들어가는 것을 막기 위한 정책이다. 시중 유동성을 줄이면, 자금 수요에 비해 자금 공급이 부족해져 대출 금리가 올라가게 되고, 빚을 내서 집 사는 일을 줄일 수 있다.

유동성 흡수 대책 중 가장 대표적인 것이 총액 한도 대출 축소다. 총액 한도 대출은 은행들이 중소기업에 낮은 이자율로 자금을 빌려줄 수 있도록 한국은행이 시중 은행에 특별 지원하는 자금을 말하는데, 이런 자금 공급을 줄이면 시중 유동성이 줄어드는 효과가 발생한다. 그렇지만 이를 활용하면 부동산을 잡기 위해 중소기업을 옥죈다는 비판에 직면할 소지가 있다.

어쨌든 결론은 금리

이와 같은 대책들이 얼마나 효과 있어 보이는가. 어차피 원흉은 금리다. 한 경제연구소가 2000년대 금리와 아파트 가격 사이의 연관성을 분석한 보고서를 보면, 2001년과 2004년 두 차례의 경기 확장기가 있었는데도 일곱 차례나 금리가 인하됐다. 이를 통해 유동성이 과도하게 풀렸고, 결국 2005년 10월부터 몇 차례 금리를 올렸지만 기존에 풀려 있던 유동성이 워낙 많아 2006년 말까지 부동산 가격이 급등했다는 게 보고서의 결론이다.

이처럼 금리 영향이 절대적이라면 대출 규제나 공급 확대 정책은 시장 양극화만 유발할 수 있다. 서울에 남는 땅이 없자 수도권 외곽에만 아파트 공급을 크게 늘렸다가 대규모 미분양 사태를 유발하면서 외곽 부동산 가격만 떨어뜨린 경우가 대표적이다.

결국 시장 안정을 위해서는 금리 인상이 반드시 필요하다. 금리 인상을 미루면 거품은 커질 수밖에 없고, 언젠가 그 거품이 터지면서 경제는 끝을 알 수 없는 불황에 빠져들게 된다. 2019년 들어 부동산 시장은 이미 거품 붕괴 전조가 나타나고 있다. 지방 일부 지역을 시작으로 부동산 가격이 크게 떨어지고 있기 때문이다. 그런데도 수도권으로는 자금이 몰리면서 수도권 거품은 계속 커지고 있다.

그러나 정부와 한국은행은 특별한 대응을 하지 않는 상황이다. 금리를 인상했다가 당장 경기 침체를 더 가중시킬까 봐 두렵기 때문이다. 오히려 경기 침체에 대응하기 위해 금리를 더 내려야 한다는 얘기까지 나온다. 결국 이러지도 저러지도 못하는 게 지금 정부와 한국은행의 현실이다.

당장 경기 침체를 걱정하기보다는 그리 멀지 않은 미래 파국이 일어나지 않도록 경제 안정화를 추구하는 게 우선이다. 부동산 거품이 더 커졌다가 붕괴되는 일부터 막아야 한다. 금리를 인상했다가 거품이 조기에 꺼지는 일이 벌어질 수도 있지만 거품을 더 크게 터뜨리는 것보다는 낫다. 역사상 저금리 거품이 꺼지지 않은 적은 단 한 번도 없다.

앞으로 다시 주택 가격 급등 전조가 있을 때 한국은행은 미리 금리를 인상하되 경제 주체들이 충분히 대비할 수 있도록 점진적으로 올리면서 당분간 계속 올려갈 것이라는 시그널을 주는 게 좋다. 그래야 더 빚을 내 투기하는 일을 차단하면서 거품을 서서히 꺼뜨릴 수 있다.

물가지수에 부동산 가격을 포함시키자는 논리

이와 관련한 재미있는 논의가 있어 소개해본다. 물가가 안정된 상황에서 집값만 오르는 상황이라면 금리를 인상하는 긴축 정책을 원하는 만큼 추진하기 어렵다. 물가를 안정시키는 것이 책무인 한국은행 입장에서 지표로 나타나는 물가가 안정돼 있는데 부동산 가격이 오른다고 금리를 인상하는 것은 명분이 부족하다. 물가만 잡으면 됐지 왜 괜한 일에 나서냐는 비판도 들을 수 있다.

이 같은 경우에 대응하기 위해 부동산 가격 변화가 포함되는 새로운 '소비자 물가지수(Consumer Price Index, CPI)'를 만들어야 한다는 견해가 나오고 있다. 현재의 소비자 물가지수에는 부동산 가격 동향이 빠져 있다.

소비자 물가지수에 부동산 가격 움직임을 반영하면 자산 가치 변동률과 물가 상승률의 괴리를 줄일 수 있다. 부동산 가격이 올라가면 물가지수도 올라가기 때문이다. 이렇게 하면 한국은행은 적절한 통화 정책을 펼 수 있다. 부동산 가격이 포함된 소비자 물가지수가 크게 올랐다는 이유로 긴축 정책을 실시하는 식이다.

물론 모두가 동의하는 것은 아니다. 자산 가치는 변동 폭이 너무 커 소비자 물가지수에 반영하면 물가 지표가 크게 왜곡될 수 있다. 이에 자산 가치 변동을 반영한 소비자 물가지수는 보조 지표로 활용하는 게 좋다. 물가 상승 추이를 더 현실적으로 점검하기 위해 물가지수 구성 요소를 좀 더 다양하게 활용하는 것이다. 정확한 지표를 만들기 위해서는 자산 가격이 전반적 물가 수준과 어떤 관계에 있는지 실증적으로 규명하는 작업이 선행돼야 한다.

기준 금리의 세대교체, CD 금리와 코픽스

기준 금리 변화에 따라 움직이는 수많은 금리 가운데 꼭 알아둬야 할 것 중 하나가 CD 금리다.

CD 금리, 시장 금리의 기본

CD는 '양도성 예금증서(Certificate of Deposit)'의 줄임말이다. 일반적인 예금은 중간에 소유자를 바꿀 수 없다. 아버지 명의의 예금을 아들 이름으로 바꾸지 못한다. 굳이 아들 앞으로 바꾸고 싶다면 아버지 명의 예금을 해약한 뒤 아들 이름으로 재가입해야 한다.

반면 CD는 말 그대로 '양도'가 가능한 예금이다. A가 갖고 있는

(단위: 연%)

날짜	2018 11/26	2018 11/27	2018 11/28	2018 11/29	2018 11/30	2018 12/3	2018 12/4
CD 금리	1.70	1.70	1.70	1.70	1.90	1.90	1.90
기준 금리	1.5	1.5	1.5	1.5	1.75	1.75	1.75

자료: 한국은행

1,000만 원짜리 예금을 B에게 넘길 수 있다. 예금은 중간에 해약하면 큰 이자 손해를 봐야 한다. 반면 CD는 현재 보유자가 당장 현금이 필요할 때 살 사람을 찾아 현시점까지의 이자를 감안해 맞는 가격만 받고 넘기면 된다. 이자 손해를 보지 않는다.

더욱이 CD는 일반 예금처럼 가입자명을 기재하지 않아도 된다. 즉, '무기명'으로 거래할 수 있다. 이에 자신의 정보를 은행 전산망에 남기지 않고 돈을 투자하려는 사람들이 자주 이용한다. 양도가 가능하고 이름을 남기지 않아도 되는 편리성이 있다.

다만 예금자 보호가 되지 않는 문제가 있다. 하지만 그만큼 일반 예금보다 금리가 높은 편이다. CD의 만기는 보통 90~180일이다. 만기에 예금 증서만 들고 있으면 신분 확인 없이 누구나 은행에서 돈을 찾을 수 있다.

CD 금리는 거의 기준 금리대로 움직인다. 기준 금리가 오르면 따라서 바로 오르고 내리면 바로 내린다. 반응 속도나 정도에서 그 어떤 금리와 비교해도 가장 빠르고 정확하다. 기준 금리가 변화할 때가 아니면 CD 금리는 거의 움직이지 않는다.

CD 금리가 중요한 것은 은행들은 이 CD 금리를 기준으로 예금 금리를 정하고 가산 금리를 덧붙여 대출 금리를 결정하기 때문이다. 기준 금리가 변하면 CD 금리가 그 바통을 이어받아 시장에 영향을 주는 셈이다. 예를 들어 CD 금리가 3%라면 평균 예금 금리도 3% 내외로 정하고, 여기에 2%의 가산 금리를 덧붙여 5%의 대출 금리를 적용하는 식이다. 여기서 가산 금리는 은행 입장에서 마진 역할을 한다. 가산 금리를 크게 부과할수록 은행 마진이 커지게 된다. 신용도와 거래 이력 등 대출 받는 사람에 따라 모두 다르게 결정된다. 같은 회사라도 사장, 부장, 차장, 대리 등 각 고객별로 가산 금리가 다르게 결정된다.

그런데 최근 들어 CD 금리의 대표성이 많이 떨어졌다. 2008년 글로벌 금융 위기가 큰 영향을 줬다. 금융 위기 당시 한은이 결정하는 기준 금리가 2%대로 내려오면서 CD 금리도 2%대로 내려왔다. 위기 이전과 비교하면 크게 내려간 수준이다. 반면 당시 대출 금리는 오히려 크게 올랐다. 이는 CD 금리와 무관하게 은행들의 자금 조달비용이 크게 늘었기 때문이다. 금융 위기가 발생하자 은행들은 자금을 구하기 어려워졌다. 은행에 대한 신뢰가 떨어지면서 누구도 섣불리 은행에 자금을 공급하려 들지 않았다. 예금자들이 돈 떼일까 봐 무서워 예금을 안 한 것이다.

이런 상황에 대처하기 위해 당시 은행들은 예금 금리를 크게 높였다. 그래야 그나마 돈을 모을 수 있기 때문이다. 당연히 그에 맞춰 대출 금리도 크게 올랐다. 하지만 CD 금리는 이 같은 사정을 별로 반영하지 못했다. 예금이나 대출 금리와 달리 기준 금리는 워낙 낮은 수준을 유지해 CD 금리도 낮은 수준을 기록했다.

결국 CD 금리는 이때부터 장부에만 존재하는 가상 금리라는 비판까지 듣게 됐다.

코픽스, CD 금리의 대안

CD 금리가 대표성이 없다면 다른 지표가 필요하다. 우선 은행들의 평균 자금 조달비용을 알아볼 수 있는 지표가 있다. 한국은행이 발표하는 '예금 은행 가중 평균 금리'다. 은행이 자본을 조달할 때 적용되는 금리를 가중 평균한 것이다. 가중 평균은 거래 비중에 따라 가중치를 부여했다는 것을 뜻한다. 단기 예금, 장기 예금, 적금, 은행채 등 은행의 모든 자본 조달 수단에 적용되는 금리를 비중별로 평균했다는 얘기다. 예를 들어 100억 원을 조달한 은행이 99억 원은 1%, 1억 원은 10% 금리로 조달했다면, 단순 산술 평균에 따라 1%와 10%를 합한 11%를 2로 나눠 구한 5.5%를 평균 조달비용으로 봐서는 안 된다. 100억 원 가운데 99억 원, 즉 전체 조달액 중 99%를 차지하는 금액에

구분	2019년 2월 기준	2019년 3월 기준	2019년 4월 기준
잔액 기준 코픽스	2.02%	2.02%	2.01%
신규 취급액 기준 코픽스	1.92%	1.94%	1.85%

자료: 전국은행연합회

적용되는 금리인 1%에 더 높은 비중을 둬 평균값을 구해야 하는 것이다. 이것이 가중 평균이다. 가중 평균 금리를 보면 은행들이 평균적으로 얼마의 이자 부담을 해서 자금을 구했는지 알 수 있다.

이런 가중 평균 금리를 반영해서 정부가 새로 내놓은 금리 체계가 있다. 바로 '코픽스(COFIX)'다. 예·적금, 은행채, 전환사채 등 다양한 형태로 은행이 조달하는 자본 조달비용을 반영한 기본 금리다. 은행연합회가 한 달에 한 번씩 결과를 산정해 매달 발표한다. 정부는 CD금리 대신 코픽스를 대출의 기본 금리로 삼도록 장려하고 있다.

코픽스 금리는 2가지 종류가 있다. 은행이 신규로 자금을 조달할 때 지급한 금리를 가중 평균한 신규 코픽스와, 은행이 현재 조달해놓고 있는 모든 자금에 적용된 금리를 가중 평균한 잔액 코픽스가 그것이다. 은행에서 대출을 받을 때 신규 코픽스 금리로 할지 잔액 코픽스 금리로 할지 선택할 수 있다.

일반적으로 시장 금리가 내려가는 상황이라면 신규 코픽스가 유리하다. 은행이 상대적으로 낮은 금리로 자금을 조달하고 있는 현재 상황이 주로 반영돼 신규 코픽스가 낮게 나타나기 때문이다. 반대로 시장 금리가 올라가는 상황이라면 은행이 새로 조달하는 금리가 오르더라도 이 영향을 기존에 조달해놓은 자금으로 어느 정도 흡수할 수 있는 잔액 코픽스가 유리해진다.

정부와 한국은행의
한판 승부

2006년 중반 부동산 가격이 천정부지로 치솟을 무렵 한국은행과 정부 사이에 중립 금리가 도대체 얼마냐에 관한 논란이 벌어졌다. 좀 지난 이야기긴 하지만 지금의 한국 경제에도 귀뜸해주는 바가 많으니 어떤 사연이었는지 살펴보자. 한국은행 입장에서는 현재의 금리가 어떤 수준인지 가늠해 금리를 올리는 게 맞을지 내리는 게 맞을지 판단해야 한다.

피셔 방정식과 중립 금리 %

당시 중립 금리 논란은 한국은행과 정부 사이에 치열한 설전으로까지 이어졌는데, 시작은 이성태 한국은행 총재의 발언이었다. 그는 모 강연에서 "경제 성장률이 4~5% 정도에 이르고 물가 상승률이 2~3% 라면, 시장 금리가 아무리 낮아도 (중립 금리인) 6~8% 수준은 돼야 한 다"고 밝힌 바 있었다.

이성태 총재가 말한 중립 금리는 '피셔 방정식(Fisher Equation)'이라 는 경제 법칙에 근거한 것이었다. 피셔 방정식은 경제에는 적절한 금 리가 있으며 그 금리는 '공통 투자 수익률'에 '물가 상승률'을 더한 수 준에서 결정돼야 한다는 내용을 담고 있다.

우선 '공통 투자 수익률'을 살펴보자. 공통 투자 수익률은 기업이 어 떤 형태의 투자를 하든지 최소한 벌어들일 수 있을 것으로 기대되는 수익률을 의미한다. 기업이 투자 결정을 한 뒤 그 수익률을 예상해봤 더니 공통 투자 수익률보다 낮다면 이는 안 하는 것만 못한 게 된다. 다른 데 투자하면 최소 공통 투자 수익률을 올릴 수 있는데 구태여 이 같은 투자를 할 필요가 없는 것이다. 즉, 최소한 이 정도는 나와야 한 다는 마지노선을 볼 수 있는 수익률이 공통 투자 수익률이다. 그래서 '공통'이라는 표현이 붙는다.

공통 투자 수익률은 대체로 경제 성장률과 일치한다. 경제 성장률 은 경제 주체들이 평균적으로 얼마나 성장할지를 나타내는 수치다. 그래서 기업 투자 성과물도 포함한다. 경제 성장률에 못 미치는 수 익률의 투자를 하는 기업은 부진한 기업 활동을 하고 있는 것으로 평 가할 수 있으며, 결국 다른 곳에 투자하는 것이 나을 수 있다. 그래서

요즘 금리 쉬운 경제

'공통 투자 수익률 = 경제 성장률'이라는 등식이 적용된다.

여기에 추가로 물가 상승률을 고려하는 이유는 물가가 오르는 만큼 통화 가치가 떨어지는 것을 감안해야 하기 때문이다. 물가 상승률이 2% 정도 된다고 가정해보자. 물가가 2%씩 오른다는 것은 돈의 가치가 2%씩 떨어지고 있음을 뜻한다.

이를 감안하면 경제 성장률이 3%인 국가의 기업들은 최소 명목상 5%의 투자 수익률은 내야 한다. 그래야 물가 상승률 2%를 제하고 순수하게 3%를 벌 수 있다. 이처럼 물가 상승률을 감안해 기업이 최소한 달성해야 한다고 보는 수익률을 '명목' 공통 투자 수익률이라고 한다. 이 사례에서 명목 공통 투자 수익률은 공통 투자 수익률 3%에 물가 상승률 2%를 더한 5%다.

그렇다면 자신이 직접 투자하지 않고 돈을 빌려주는 기업은 몇 %의 이자를 받아야 만족할 수 있을까? 당연히 최소 5%의 이자는 받아야 한다. 자신이 투자할 때 최소한 얻을 수 있으리라고 예상되는 '명목 공통 투자 수익률' 정도의 이자는 받아야 돈을 빌려줘도 손해 보지 않는다고 여기게 된다.

결국 명목 공통 투자 수익률은 이자율의 역할을 하게 된다. 편의상 '명목 공통 이자율'이라 부르겠다. 물가 상승을 감안해 경제 주체들이 명목상 최소한 수수하고자 하는 이자율이라는 뜻을 내포한다. 각종 경기 지표를 반영해 만들어진 결과물이다.

이것이 바로 이성태 총재가 언급한 '중립 금리'다. 다시 말해 중립 금리는 명목 공통 이자율을 뜻한다. 여기서 '중립'이라는 표현은 "경기를 부양시키지도 긴축시키지도 않고 균형을 유지시킨다"는 뜻을 내포하고 있다. 시장 금리(시장에서 실제 통용되는 이자율)가 중립 금리와 일치하면 경제 주체들끼리 경기 지표를 반영해서 결정된 균형 수준의 이자율을 주고받고 있다는 뜻이 된다. 명목 공통 이자율이 경제 성장률과 물가 상승률을 반영해 딱 경제 수준에 맞도록 결정되니까 말이다.

반면 시장 금리가 중립 금리보다 낮게 형성되고 있으면 경제 주체들이 균형보다 낮은 수준의 금리를 주고받고 있다는 뜻이 된다. 그러면 이자 부담이 상대적으로 낮아 경기가 활성화될 수 있다. 이렇게 시장 금리가 중립 금리보다 낮으면 '경기 부양적' 상황이라고 표현한다. 앞으로 물가가 오를 위험이 있는 상황이다. 한국은행 입장에서는 기준 금리를 올릴 명분이 생긴다.

반대로 시장 금리가 중립 금리보다 높을 수도 있다. 그러면 균형보

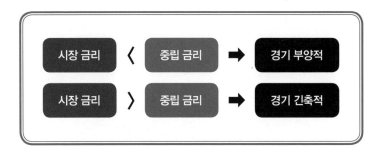

다 높은 수준의 금리를 주고받고 있다는 뜻이 되고, 대출 받은 사람들의 이자 부담이 커지면서 경기가 위축될 수 있다. 이렇게 시장 금리가 중립 금리보다 높은 때는 '경기 긴축적' 상황이라고 말한다. 한국은행 입장에서는 기준 금리를 내릴 명분이 생긴다.

중립 금리와 시장 금리 %

그런데 어떤 시장 금리를 중립 금리와 비교해야 할까? 예금, 대출, 국채, 회사채 등 다양한 형태 시장 금리가 있는데, 어떤 시장 금리를 중립 금리와 비교해야 하느냐는 얘기다. 이에 대해 전문가들은 국고채 3년물, 즉 만기 3년짜리 정부 발행 채권에 적용되는 금리를 주로 제시한다. 이성태 총재 발언 당시 국고채 3년물 금리는 4.65%였다. 이 총재가 말한 6~8% 수준과 비교하면 크게 낮은 수치다. 경제의 명목 이자율, 다시 말해 중립 금리는 성장률에 물가 상승률을 더한

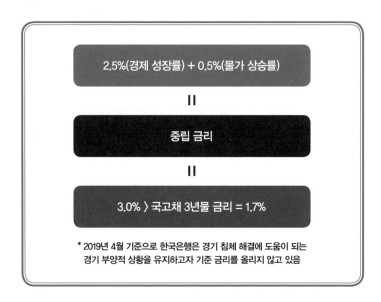

2.5%(경제 성장률) + 0.5%(물가 상승률)

=

중립 금리

=

3.0% 〉 국고채 3년물 금리 = 1.7%

* 2019년 4월 기준으로 한국은행은 경기 침체 해결에 도움이 되는
경기 부양적 상황을 유지하고자 기준 금리를 올리지 않고 있음

6~8% 수준인데 시장 금리는 4.65%에 불과했던 것이다. 이에 이 총
재는 당시 금리 상황이 중립적이지 못하다고 판단했다. 시장 금리가
중립 금리보다 낮아 경기 부양적이라고 본 것이다.

이처럼 중립 금리 개념을 활용하면 현재 금리가 낮은지 높은지 판
단해볼 수 있다. 2019년 4월 3일 현재 국고채 3년물 금리는 1.7%다.
반면 중립 금리는 3% 수준이다. 2019년 예상 경제 성장률 2.5%와 4
월 물가 상승률 0.5%를 더한 것이다. 시장 금리가 중립 금리보다 낮
으니 2019년 4월 3일 현재 시장 금리 상황은 '경기 부양적'인 것으로
볼 수 있다.

중립 금리는 교과서적인 개념일 뿐

중립 금리는 경제 교과서를 따른 것일 뿐 현실 경제와 무관하다는 지적도 많다. 경제 성장률이 기업의 실질 공통 투자 수익률을 제대로 반영하고 있지 않을 가능성이 있기 때문이다. 이성태 총재가 중립 금리를 언급했던 시기를 보자. 당시 산업은행이 발표한 '설비투자 계획 조사'에 따르면, 외환 위기 당시 69.8%에 달했던 외부 자금 조달률은 2004년 25.7%까지 떨어졌다. 기업들이 외부 자금 조달을 꾸준히 줄여왔기 때문이다. 돌려 말하면 당시 기업들은 금리가 높다고 생각해 돈을 빌려 투자하기 꺼려했다는 뜻이 된다. 금리가 경기 부양적일 정도로 낮다면 너도나도 돈을 빌려 투자해야 하는데 그러지 않았던 셈이다.

이는 당시 기업들이 실질적으로 느꼈던 공통 투자 수익률이 경제 성장률보다 낮았음을 의미한다. 정부가 공공지출을 크게 늘려 경제 성장률은 어느 정도 수준을 유지하지만 민간 경기는 최악의 상황일 때 이런 일이 벌어진다. 예를 들어 경제 성장률 4%, 물가 상승률 4% 경제를 가정해보자. 이 경제의 중립 금리는 경제 성장률 4%에 물가 상승률 4%를 더한 8%다. 그런데 민간 경기는 매우 좋지 못해 기업들이 체감하는 공통 투자 수익률은 1%에 불과하다고 치자. 그러면 기업들 입장에서 중립 금리는 공통 투자 수익률 1%에 물가 상승률 4%를 더한 5%다. 이때 시장 금리가 6%라면, 교과서상에 나타나는 중립 금

교과서상의 중립 금리	기업이 체감하는 중립 금리
경제 성장률 + 물가 상승률	오랜 경기 침체로 경제 성장률보다 낮아진 공통 투자 수익률 + 물가 상승률

리 8%보다는 낮지만 기업들이 실제 느끼는 중립 금리 5%보다 높아서 기업들은 돈을 빌리는 데 부담을 느끼게 된다. 돈을 빌려 투자에 나서는 일을 꺼려하게 되는 것이다.

사면초가에 빠진 한국은행

결국 현재 시장 금리가 중립적인지, 경기 부양적인지, 경기 긴축적인지 제대로 판단하려면 정확한 공통 투자 수익률을 찾아낼 수 있어야 한다. 경제학 교과서는 공통 투자 수익률이 경제 성장률과 일치한다고 설명하지만, 실제로는 공통 투자 수익률과 경제 성장률이 크게 다를 수 있다.

2006년 이성태 총재 발언 때 일부 전문가들은 당시 시장 금리를 '중립' 또는 다소 '경기 긴축적'으로 봤다. 공통 투자 수익률이 경제 성장

/ 경제 성장률과 기준 금리 추이

연도	2014	2015	2016	2017	2018
경제 성장률	3.3	2.8	2.9	3.1	2.7
기준 금리(12월 말 기준)	2.0	1.5	1.25	1.5	1.75

자료: 한국은행

률보다 낮아서 해당 공통 투자 수익률에 물가 상승률을 더한 '실제 중립 금리'는 이성태 총재가 말한 중립 금리(경제 성장률 + 물가 상승률)보다 낮다고 본 것이다. 그에 따라 당시 시장 금리는 실제 중립 금리와 비슷하거나 다소 높으니 중립적 또는 다소 경기 긴축적인 상황이라고 해석했다.

이런 해석 차이 때문에 다른 중립 금리 개념이 등장했다. 경제 성장률에 물가 상승률을 더해 이를 국고채 3년물 금리와 비교하는 것이 아니라, 단순히 한국은행의 기준 금리와 경제 성장률을 비교하는 방식이다. 예컨대 한국은행 기준 금리가 2%로 경제 성장률 3%보다 낮다면 경기 부양적이라고 보는 식이다. 기준 금리가 경제 성장률과 같으면 중립적, 경제 성장률보다 높으면 경기 긴축적이라고 해석한다.

여기에 경기 흐름을 반영해 좀 더 탄력적으로 볼 수 있다. 기준 금리가 경제 성장률보다 낮을 경우 그 자체로는 경기 부양적이라고 할 수 있지만, 경제 성장률이 떨어지는 추세라면 현 금리가 낮은 수준이 아니라고 보는 방식이다.

2007년의 경우를 보면 당시 경제 성장률과 기준 금리 모두 4%대였다. 그리고 이때 경제 성장률은 하락 추세였다. 이에 당시 금리를 낮은 수준으로 해석할 수 없다는 주장이 많았다. 나아가 당시 표를 의식한 정치권은 경기 확장을 위해 지속적인 금리 인하 압박을 했다.

그러나 당시 이성태 총재는 동의하지 않고 지속적인 금리 인상을 시도했다. 이는 한국은행의 속성에서 나온다. 낮은 금리는 부동산 가격의 나 홀로 상승을 비롯한 자산 간 자원 배분을 혼란시키거나 물가 상승을 유발해 경제에 짐으로 작용할 수 있다. 이에 따라 경제 안정을 중요시하는 한국은행은 금리를 '교과서적인' 중립 수준으로 유지하기 위해 노력하게 된다.

하지만 당시 많은 경제전문가들은 경기 확장을 위해 낮은 금리가 더 오래 유지돼야 한다고 주장했고, 이에 따라 이성태 총재는 방어 논리로 당시 낯선 개념이었던 중립 금리까지 거론해가며 금리 인상 의지를 피력했다. 이후 한국은행은 실제 몇 차례 금리 인상을 단행했고, 2008년 글로벌 금융 위기 발발 직전까지 인상 기조를 유지했다.

경제가 어려울 때 힘이 되는
유연한 금융 지식

* LTV, DTI, DSR이 집 살 때 중요한 이유 *

우선 LTV(Loan To Value ratio)는 주택 담보 대출비율을 말한다. 그리고 2016년 금융당국은 부동산 가격이 계속 가파르게 상승하자 새로운 대출 규제 방안을 시행했다. 총부채 원리금 상환비율인 DSR(Debt Service Ratio) 규제인데, 주택 담보 대출 원리금 외에 모든 신용 대출 원리금을 포함한 총대출 상환액이 연간 소득에서 차지하는 비중을 뜻한다.

DTI = (주택 대출 원리금 상환액 + 기타 대출 이자 상환액) ÷ 연간 소득

DSR = (주택 대출 원리금 상환액 + 기타 대출 원리금 상환액) ÷ 연간 소득

총부채 상환 비율인 'DTI(Debt To Income)'는 주택 담보 대출 원리금 상환액을 보면서 다른 대출은 이자 상환액만 연간 소득과 비교하는데, DSR은 주택 대출 외에 다른 대출까지 원리금 상환액을 연간 소득과 비교한다.

예를 들어 연봉이 5,000만 원인데 주택 담보 대출 연간 원리금 상환액이 2,000만 원, 신용 대출 연간 이자 상환액이 10만 원, 신용 대출 연간 원금 상환액이 500만 원이라면, 이 사람의 DTI는 2,000만 원 + 10만 원을 5,000만 원으로 나눈 40.2%다. 반면 DSR은 2,000만 원 + 10만 원에 500만 원까지 더한 2,510만 원을 5,000만 원으로 나눈 50.2%다.

금융당국이 이 규제를 새로 도입한 까닭은 대출자의 진정한 상환능력을 보려면 주택 대출 원리금뿐만 아니라 신용 대출, 자동차 할부, 학자금 대출, 카드론 등 모든 대출의 원금과 이자를 더해서 봐야 한다고 판단했기 때문이다. 이미 다른 대출이 많은 사람이 새로 주택 대출까지 받으면 상환에 어려움을 겪을 가능성이 있으니 주택 담보 대출을 많이 해줘서는 안 된다고 본 것이다.

금융당국은 은행의 경우 평균 DSR이 40%를 넘지 못하도록 하고 DSR이 70%가 넘는 대출이 전체 대출의 15%를 넘지 않게 관리토록 하고 있다. 이 규제에 따라 은행은 대출자들에 대해 대출 가능액을 제한하고 있다. 그만큼 주택 대출을 받는 게 더 어려워졌다.

이처럼 LTV, DTI, DSR은 부동산 대출 가능액을 줄이는 규제들이다. 이 규제가 강화되면 대출 받을 수 있는 금액이 줄어들고, 반대로 완화되면 대출 받을 수 있는 금액이 늘어난다. 집을 살 때 규제를 따져봐야 하는 이유다.

* 돈세탁 *

양도성 예금증서 CD는 돈세탁에 자주 활용된다. 무기명이라는 점을 활용해 검은 돈을 흰 돈으로 탈바꿈시키는 것이다. 예컨대 마약상이 마약을 팔아 번 거액의 돈을 본인의 은행 계좌에 넣으면 당국의 감시망에 포착될 위험이 있다. 이때 돈으로 유통되고 있는 CD를 사면 감시망을 피할 수 있다. CD는 은행 창구에서 직접 사거나 은행을 상대로 팔 때만 아니면 개인끼리 양도할 때 무기명 거래이기 때문에 적발될 위험이 없다.

그래서 CD를 갖고 있는 사람을 찾아서 사면 된다. 브로커들이 그 알선을 해준다. 거액의 돈은 갖고 있기에 부담스럽지만 한 장의 종이인 CD는 보관하기에도 좋다. 들고 있다가 돈 쓸 일이 있으면 CD를 양도해버리면 그만이다. 과거 전직 대통령들이 뇌물을 받을 때 CD를 활용했다는 것은 잘 알려진 얘기다.

CD 외에 채권도 돈세탁에 자주 활용된다. 돈으로 채권을 사서 갖고 있다가 돈 쓸 일이 있으면 양도하거나 팔아서 현금화하는 것이다. 이 과정은 여러 단계를 거쳐 이뤄지기도 한다. 이를테면 거액의 뇌물을 받은 뒤 이 돈으로 CD를 샀다가 현금화해서 채권을 매입하고 이를 다시 현금화해 다른 사람 명의의 계좌에 집어넣는 식이다. 이런 식으로 길고 복잡하게 돈세탁하면 추적하기 어려워지면서 감시망을 피할 수 있다.

제5장

금리와
재테크

금리가 변하면
경기와 물가가 널뛴다

금리는 경제 변수들과 밀접한 관계를 맺고 있다. 우리가 금리를 유심히 살펴봐야 하는 이유다.

금리가 내려가면 경기가 살아난다

우선 금리와 경기의 관계를 보자. 금리가 경기와 상호 작용하는 공식 자체는 간단하다. 경기가 침체되면 금리가 내려간다. 경기가 침체되면 소비와 투자 심리가 악화되면서 돈을 빌리는 수요가 줄어든다. 그러면 돈의 가격을 뜻하는 금리가 내려가게 된다. 수요 감소가 가격 하락으로 이어지는 것이다. 반대 원리에 따라 경기가 좋아지면 금리

요즘 금리 쉬운 경제

는 올라가게 된다. 소비와 투자 심리가 개선되면서 돈을 빌리는 수요가 늘어나고, 돈의 가격을 뜻하는 금리가 올라가는 것이다. 수요 증가가 가격 상승으로 이어지는 것이다.

이 같은 금리의 변화는 경제가 스스로 균형을 찾는 데 큰 역할을 한다. 경기가 침체되면서 금리가 매우 낮아졌다고 해보자. 이렇게 되면 경제 주체들은 돈을 빌리기 용이해진다. 이자 부담이 많이 줄었기 때문이다. 그에 따라 어느 순간 대출이 늘면 시중에 돈이 풀리게 된다. 이는 생산과 소비를 늘리는 작용을 한다. 여기에 이미 돈을 빌리고 있는 기업이나 개인도 이자 부담이 줄어든 만큼 생산과 소비를 늘릴 수 있다.

주가가 오르는 효과도 낳는다. 금리가 매우 낮은 예·적금 대신 주식에 투자하겠다는 수요가 증가하면서 주가가 오르는 것이다. 실제 주가가 상승하면 '자산 효과(Wealth Effect)'에 따라 소비는 더욱 크게 늘 수 있다. 자산 효과는 자산이 증가하면서 소비 심리가 개선돼 소비가 늘어나는 효과를 말한다. 투자 측면에서는 재원 부족 때문에 실현되지 않고 있던 투자가 돈을 빌리기 쉬워지면서 재개되는 효과가 발생한다.

이처럼 금리 하락은 경제에 각종 긍정적인 효과를 유발한다. 경기가 침체됨에 따라 금리가 내려가고, 그 하락 자체가 경기를 회복시키는 효과를 내는 것이다. 그러면 경기가 다시 진작되고 경제는 침체 이전의 균형으로 돌아올 수 있다.

그런데 금리 하락이 꼭 긍정적인 효과만 내는 것은 아니다. 경기가 좋아지면서 각종 물건과 서비스에 대한 수요가 늘면 물가가 크게 상승할 수 있기 때문이다. 물가 상승은 서민에게 고통을 준다. 이는 금리 하락의 부작용이다. 또한 경기가 매우 침체돼서 경제 주체들의 심리가 매우 악화돼 있으면, 금리가 아무리 내려가도 섣불리 돈을 빌려 투자나 소비를 하겠다는 수요가 생기지 않아 금리 하락이 균형 회복으로 이어지지 않을 수도 있다.

금리가 올라가면 경기가 식는다

금리 상승의 경우는 금리 하락과 반대라고 보면 된다. 경기가 아주 좋아 소비와 투자가 매우 활발해졌다고 치자. 그에 따라 돈을 빌리려는 수요가 많이 나오면 돈의 가격인 금리가 오르게 된다. 그러다가 금리가 매우 높은 수준에 도달하게 되면 돈을 빌린 경제 주체들이 극심한 이자 부담에 시달린다. 새로 대출을 받는 것도 주저하게 된다. 그러면 유동성이 줄면서 소비와 투자도 줄어 경제가 위축되고, 결국 경기가 하강하면서 경제가 뜨겁기 이전의 균형으로 돌아오게 된다. 그 과정에서 물가 상승은 완화된다.

이처럼 금리는 경기 영향을 받아 움직이고, 이것이 다시 경기에 영향을 주는 연쇄작용을 일으키게 된다. 그러면서 궁극적으로 금리는

경기 변화에 따른 금리의 경제 안정화 효과

경기 악화	경기 개선
금리 하락	금리 상승
경기 개선	경기 악화
물가 상승	물가 하락
금리 상승	금리 하락
경제 안정화	경제 안정화

'경제 안정화 장치' 역할을 수행한다.

금리는 경기에 영향을 주는 과정에서 그 자체도 변화했다가 정상으로 돌아오는 과정을 밟는다. 금리가 내려가면 경기가 좋아지면서 물가가 상승한다. 물가가 계속 오르면 돈을 빌려주는 사람은 돈에 대해 예전보다 높은 대가를 요구한다. 즉, 금리를 올린다. 그러면 낮아졌던 금리가 정상 수준으로 돌아온다. 반대로 금리가 올라가면 경기가 나빠지면서 물가 상승이 완화된다. 돈을 빌려주는 사람은 예전보다는 낮은 대가를 요구하게 된다. 즉, 금리를 내린다. 그러면 높아졌던 금리가 정상으로 돌아온다.

금리와 소비 그리고 투자의 삼각관계

경기에서 가장 중요한 역할을 하는 소비와 투자 그리고 금리의 관계를 좀 더 자세히 살펴보자.

금리가 올라가면 소비가 줄어든다

여기 두 사람이 있다. 은행에 거액을 예치해두고 이자를 받아 생활하는 A와, 반대로 생활이 어려워 빚을 지고 사는 B다. 금리가 오르면 두 사람의 소비는 어떻게 변할까? 경제 전체적으로는 어떤 영향이 있을까?

금리 상승은 민간 소비에 긍정적 효과와 부정적 효과를 함께 갖는

요즘 금리 쉬운 경제

다. 금리가 상승하면 이자 소득자들의 이자 수입을 늘려 소비를 진작시킨다. 반면 채무자들은 이자 부담이 늘어 소비가 감소한다. 이런 두 효과 중에서 소비 진작보다는 소비 감소 효과가 더 크다고 알려져 있다. 요컨대 금리 상승은 소비 감소로 귀결된다.

이유는 이자 소득자와 채무자의 행태 차이에 있다. 일반적으로 고소득층인 이자 소득자들은 일정 수준의 소비를 계속 유지하려는 성향이 있어서 이자율이 올라 소득이 늘어도 갑자기 소비를 늘리는 일은 별로 없다. 원래부터 자주 소고기를 먹던 사람은 이자 수입 늘었다고 해서 달라질 게 별로 없는 것이다. 이런 부류는 증가한 소득을 저축으로 연결할 가능성이 높다.

반면 지출 계획이 빡빡한 채무자들은 이자 부담 증가가 가처분 소득 감소로 이어지고 즉각적인 소비 감소가 발생한다. 결국 이자율이 올라가면 이자 소득자의 소비는 별로 늘지 않고 채무자의 소비는 바로 줄어들면서 전체적으로 소비 감소를 가져오게 된다.

지난 1997년 IMF 구제 금융 위기 때의 경험이 이를 증명한다. 당시 시중 이자율은 30%를 넘나들 정도로 천정부지로 치솟아 이자 수입이 크게 늘었지만 고소득층은 소비를 늘리지 않았다. 반면 채무자들은 엄청난 이자 부담에 소비를 철저히 줄였고 결국 극심한 경기 침체가 벌어졌다.

특히 이자율 상승은 고소득층의 예금 의욕을 더욱 고취시키기도 한다. 예금에 따른 수익이 증가하니 이전보다 저축을 더 많이 하는 것이다. 이 과정에서 고소득층의 소비는 오히려 줄어들 수 있다.

이 같은 현상은 설문조사 결과에도 그대로 반영됐다. 한 연구소가 2017년에 진행한 '금리 인상과 관련한 가계 소비 성향' 설문조사 결과에 따르면, 조사 대상 가구의 44.6%가 금리가 상승하면 소비를 줄인다고 답했다. 반면 이자 수입 증가로 소비를 늘린다는 응답은 3.2%에 불과했다. 더욱이 경제에서 가장 큰 부분을 차지하는 연봉 2,000만 원~5,000만 원 사이 중간 소득 계층이 소비를 크게 줄이는 것으로 나타났다. 실증적으로 금리 인상이 소비 증가보다는 감소로 이어질 가능성이 큰 것이다.

특히 금리 상승이 장기화되면 주식 가격과 주택 가격 하락으로 이어질 수 있다. 금리 상승은 기업 채무 이자 부담 증가로 이어져 기업 활동을 위축시킨다. 이는 당연히 주가 하락으로 이어진다. 또한 금리가 올라가면 빚을 내서 집을 사는 일이 어려워져 주택 수요가 줄면서 주택 가격 하락을 유발한다. 주가와 주택 가격 하락은 경제 주체들의 자산 가치를 떨어뜨려 소비 심리를 위축시키는데 이를 '역자산 효과'라고 한다. 소비의 근간이 되는 자산이 줄면서 소비가 감소하는 현상을 뜻한다.

소비 감소는 산업 생산 위축으로도 이어진다. 소비자들이 가장 먼저 소비를 줄이는 분야를 위주로 생산이 위축된다. 한 연구조사에 따르면 소비자들은 금리 인상 시기에 의류비, 교양오락비, 내구재 구입비, 교통통신비 등의 순으로 소비를 줄였다. 금리 인상에 따라 이들

요즘 금리 쉬운 경제

연도	2014	2015	2016	2017	2018
설비투자 증가율	6.0	4.7	−1.0	14.6	−1.6
기준 금리(12월 말 기준)	2.0	1.5	1.25	1.5	1.75

자료: 한국은행

산업이 가장 큰 피해를 입을 것이라고 예상해볼 수 있다.

반대로 금리를 내리면 경제 전체적으로 유동성이 공급되면서 경제 주체들의 자산 가치가 올라가는 효과가 발생한다. 이렇게 되면 재산이 늘었다는 생각에 따라 소비가 증가할 가능성이 있다.

금리가 내려가면 투자가 늘어난다

금리 변화와 기업 설비 투자의 상관관계는 부채비율이 많은 영향을 미친다. 부채비율이 높아 평소에 이자 부담이 많은 기업일수록 금리의 투자에 대한 영향이 커지는 것이다. 금리가 내려가면 비용 부담이 줄어드니 투자를 늘리고, 금리가 올라가면 비용 부담이 늘게 되니 투자를 줄이는 식이다.

반면 부채비율이 낮은 기업은 금리 움직임에 별 영향을 받지 않는다. 평소 빚이 없어 이자 부담이 적은 기업이라면 금리가 올라도 특별히 부담될 것이 없어 평소 했던 투자를 유지할 수 있다. 게다가 금리가 내려가도 부담이 눈에 띄게 줄어드는 것은 아니므로 특별히 투자를 늘릴 필요성은 느끼지 못한다. 이런 기업은 금리보다는 경영자의 미래에 대한 판단 등에 더 큰 영향을 받는다.

우리 경제가 성숙하면서 기업 전반적으로 부채비율이 크게 내려왔다. 동시에 저성장 시대로 진입하면서 많은 기업이 성장보다 안정성에 방점을 찍고 있다. 2가지 효과가 결합하면서 국내 기업들은 이제 금리가 내려가도 크게 투자를 늘리지 않는 성향을 보인다. 결국 금리가 투자에 미치는 영향이 갈수록 떨어지고 있는 추세다. 금리의 투자에 대한 영향이 없는 것은 아니지만 그 힘이 떨어지고 있는 셈이다.

한국 경제의 골칫거리, 가계 부채와 금리

현재 한국 경제의 가장 큰 위험 요소를 꼽으라면 공통적으로 가계 부채와 부동산을 얘기한다. 언젠가 부동산 가격이 급락해서 가계 부채가 부도나면서 경제가 큰 위기를 맞을 것이라는 경고다. 이번에는 이자율과 떼려야 뗄 수 없는 관계인 가계 부채 문제에 대해 알아보기로 하자.

한국 경제의 뇌관, 가계 부채

우선 현황을 살펴보자. 2018년 말 현재 가계 부채는 1,534조 6,310억 원에 달한다. 1,782조 원 전후인 한국 GDP와 비교하면 86.1% 규모로 OECD 평균 64.4%보다 훨씬 높다. 10년 전인 2009년(78.2%)과 비교해도 크게 올랐다.

가처분 소득(소득에서 세금과 국민연금 등 비소비 지출을 뺀 개인이 실제로 활용할 수 있는 소득)과 비교하면 국내 가계들은 가처분 소득의 1.86배에 이르는 부채를 안고 있다. 가계 가처분 소득이 5,000만 원이라면 9,300만 원의 부채를 안고 있다는 뜻이다. 이로 인해 가계 전체적으로 매달 수조 원에 이르는 이자 부담을 지고 있다.

가계 부채 증가 속도는 매우 가파르다. 2018년 5.8% 증가율로 경제 성장률의 2배를 넘었고, 2015년과 2016년에는 각각 10.9%와 11.6%씩 급증한 적도 있다. 소득 증가율과 비교하면 2~3배 수준에 달한다. 그 결과 '가처분 소득 대비 가계 부채비율'이 2,000년 0.87에서 작년 1.86으로 급증하고 말았다. 가처분 소득 대비 가계 부채비율은 가계 부채를 가처분 소득으로 나눈 것을 말하는데, 예를 들어 가계 부채가 1억 원이고 가처분 소득이 5,000만 원이면 '1억 원 ÷ 5,000만 원 = 2'로 계산된다.

국내 가계 부채 문제는 세계적으로도 심각한 수준이다. GDP 대비 가계 부채비율 순위에서 우리나라는 통계가 잡히는 43개국 중 7위에 이른다. 가계 부채 증가 속도는 2위에 달한다. 반면 독일과 프랑스 등 다른 선진국들을 보면 대부분 소득보다 적은 가계 부채를 유지하고 있다.

가계 부채 급증의 주범도 금리다. 오랜 기간 경기 침체에 따른 영향

요즘 금리 쉬운 경제

/ 국내 가계 부채 추이

구분 (분기)	2016 1	2016 2	2016 3	2016 4	2017 1	2017 2	2017 3	2017 4	2018 1	2018 2	2018 3	2018 4	2019 1
금액	1,223.7	1,257.6	1,296.5	1,342.5	1,359.1	1,387.9	1,419.3	1,450.8	1,468.2	1,492.4	1,513.9	1,536.7	1,540.0

자료: 한국은행

으로 저금리가 유지되면서 빚을 내기 쉬워지자 가계 부채가 크게 늘었다. 저금리에 의한 가계 부채는 주로 부동산 투자에 활용됐다.

높은 가계 부채 증가율은 필연적으로 거품을 가져오게 마련이다. 과거 사례를 보면 2002년 가계 부채 증가율은 30%에 달했다. 엄청난 증가율이다. 결국 한국 경제는 부채 급증에 따른 거품을 이기지 못해 2003년 카드 사태를 겪으면서 크게 휘청대고 말았다. 앞으로 이런 일이 다시 벌어지지 말라는 법이 없다.

가계 대출의 구성도 문제다. 국내 가계 대출의 대부분은 부동산 담보 대출이다. 즉, 빚을 내 집을 사면서 만들어진 대출이 가계 대출의 대부분을 차지한다. 부동산 가격이 급락할 경우 대출이 부실화되면서 큰 어려움에 빠질 수 있는 것이다.

아직은 안심할 수 있는 단계?

다만 아직까지 희망은 있다. 정부 규제에 따라 주택 담보 대출비율인 LTV는 안정돼 있다. 주택 구입 가격 대비 대출 금액이 안정권이라는 얘기다. 예를 들어 10억 원짜리 집을 사면서 4억 원의 대출을 얻었다면 이 사람의 LTV는 40%(4억 원/10억 원)다. 우리나라 주택 담보 대출의 LTV 평균치는 34.35%다. 평균적으로 집값의 34.35% 대출을 안고 있다는 뜻이다. 70%를 상회하는 미국, 일본, 영국, 프랑스 등에 비해 크게 낮은 수준이다.

한국이 이처럼 LTV 비율이 낮은 까닭은 정부가 강한 규제를 실시해왔기 때문이다. 현재 지역 등 대출 조건에 따라 30~70%의 LTV 규제가 시행 중이다. 즉, 집값의 30~70%를 초과해 대출을 받을 수 없다.

정부는 총부채 상환비율인 DTI 규제도 시행 중이다. DTI는 연간 소득액 중 부채 상환 원리금이 차지하는 비율이다. 예컨대 연봉 5,000만 원인 사람이 대출을 받아 연간 상환해야 할 대출 원리금이 2,000만 원 이라면 이 사람의 DTI는 40%(2,000만 원/5,000만 원)다. 정부는 지역별로 40~60% 규제를 적용하고 있다. 다시 말해 연간 갚아야 할 원금과 이자가 소득의 40~60%가 된다면 대출을 받을 수 없다.

이렇듯 LTV 및 DTI 규제에 따라 그동안 집값과 비교해 필요 이상의 대출이 이뤄지지 않았고 이는 한국의 가계 부채 문제를 상대적으로 안정시켜왔다. 이에 따라 가계 부채 연체율도 무척 낮은 편이다.

요즘 금리 쉬운 경제

구분	비율
50% 미만	62.9%
50~60%	18.5%
60~70%	14.5%
70~80%	2.8%
80~90%	0.8%
90~100%	0.3%
100% 초과	0.2%

※예를 들어 50% 미만은 주택 대출이 집값의 50%가 안 되는 주택을 의미함. 이런 주택이 국내 주택의 62.9%
비중을 차지하고 있다는 뜻. 또 100% 초과는 주택 대출이 집값보다 많은 주택을 의미함.
이런 주택이 0.2% 비중을 차지하고 있음.

자료: 금융감독원

금융권의 평균 주택 담보 대출 연체율은 2019년 2월 현재 0.23%로 매우 안정적인 수준을 유지하고 있다. 전체 주택 담보 대출 가운데 0.23%만 원금 또는 이자 상환이 이뤄지지 않고 있는 것이다.

또 한 가지 안심할 만한 요소는 개인 금융 자산과 비교한 금융 부채 비율이다. 2018년 3분기 말 기준 개인들의 금융자산 합계는 3,770.8조 원으로 부채의 합인 1,762.3조 원의 2.14배 수준이다. 개인들의 모든 금융 자산으로 부채를 갚고도 2,000조 원 이상 남는 금액이다.

이에 따라 금융당국은 한국의 가계 부채 상황을 아직까지 양호한 것으로 평가하고 있다. 특히 금융당국은 가계 대출의 분포에 주목하고 있다. 금융당국에 따르면 가계 대출 잔액 가운데 69%를 소득 상위 20%가 갖고 있다. 한국은행이 발표한 '통화 신용 정책 보고서'에서도 전체 가계 부채의 85%를 소득 상위 30~50%가 갖고 있는 것으로 나타나고 있다. 어느 정도 갚을 여력이 있는 사람들이 가계 부채의 대부분을 안고 있다는 얘기다.

부동산 시장에서 연착륙을 외치다

하지만 이런 반론에도 불구하고 국내 가계 부채 문제의 심각성을 과소평가할 수는 없다. 소득과 비교한 가계 부채 문제는 무척 심각하며, LTV 비율은 집값이 떨어지면 얼마든지 악화될 수 있기 때문이다. 예를 들어 10억 원짜리 집을 보유하면서 3억 원의 대출을 안고 있는 사람의 LTV 비율은 현재 30%(3억 원/10억 원)지만, 집값이 6억 원으로 떨어지면 50%(3억 원/6억 원)로 악화된다.

지방에서는 이런 일이 부지기수로 벌어지고 있다. 결국 국내 가계 부채 문제가 앞으로 얼마나 심각해질지는 부동산 가격 추이와 깊은 관련이 있다고 할 수 있다. 일본의 '잃어버린 20년'이 1990년대 초반 부동산 가격 급락에 제대로 대응하지 못해 벌어진 일임을 감안하면, 추후 남는 것은 때늦은 후회뿐일 수 있다.

결국 가계 부채 문제가 터지는 것을 막기 위해서는 부동산 시장 연착륙이 필요하다. 우선 주택 가격의 거품이 더 커지는 것을 반드시 막아야 한다. 그러면서 거품을 진정시켜가되 어느 선에서는 하락을 방어해야 한다. 바닥을 다져가며 거품을 서서히 꺼뜨리는 것이다. 가계 부채가 과중한 상황에서 집값의 과도한 하락을 방치하면 시장에 큰 충격이 오면서 집단 가계 부채 부도 사태가 일어나 일본식 장기불황이 올 가능성이 있다. 특히 대출액 이하로까지 집값이 떨어지면 집을 팔아 빚을 갚는 일조차 불가능해지면서 끝을 알 수 없는 거대한 불황에 빠질 수 있다. 집값의 연착륙이 반드시 필요하다.

이와 함께 계층별로 중산층 이상이 신규 주택 투자를 위해 새로 대출을 얻는 것은 자제시키되 생활고에 시달리는 서민에 대해서는 정부 보조를 통해 이자율을 대폭 낮춰주는 등 이원화된 정책도 필요하다.

금리 따라 변하는
피 같은 내 돈

금리는 수시로 변한다. 언제 어떻게 예금하고 대출을 받을지 그 타이밍이 중요하다. 여기서는 금리의 움직임에 따른 적절한 예금 및 대출 전략을 소개한다.

금리와 예금 전략

금리가 오르는 추세라면 만기가 긴 장기 예금보다 만기가 짧은 단기 예금을 하는 게 좋다. 장기 예금에 가입하고 나니 금리 인상 추세에 따라 이자율 높은 예금이 줄줄이 출시될 위험이 있기 때문이다. 3년 만기 연 2% 예금에 가입하고 난 후 곧바로 다른 은행에서 연

요즘 금리 쉬운 경제

구분 (월)	2018 3	2018 4	2018 5	2018 6	2018 7	2018 8	2018 9	2018 10	2018 11	2018 12	2019 1	2019 2	2019 3
금리 (%)	2,02	2,00	2,00	2,00	1,97	1,97	2,01	2,06	2,15	2,17	2,14	2,07	2,05

자료: 한국은행

3~4% 예금이 나오는 식이다.

이럴 때는 일단 단기 예금에 가입했다가 금리가 충분히 오르고 나서 장기 예금에 가입하는 게 좋다. 3개월, 6개월 등 만기가 짧은 예금에 일단 돈을 넣어놨다가 고금리 장기 예금이 나오면 그때 가입한다. 아예 입출금 통장만으로 돈을 관리하고 있다가 적절한 타이밍이 되면 장기 예금에 가입하는 경우도 있다.

다만 금리가 완만하게 오르는 추세라면 이 같은 전략이 주효하지 않을 수 있다. 단기 예금과 장기 예금 사이 이자율 차이가 꽤 크기 때문이다. 이자율이 낮은 단기 예금에 돈을 넣어두는 기간이 길수록 상대적인 이자 손해가 커진다. 이후 가입한 장기 예금의 이자가 손해를 벌충할 수 있을 정도로 많아야 하는데, 이자율이 완만하게 오르는 경우에는 장기 예금 금리가 충분히 높아지지 않아 손해를 벌충하지 못할 위험이 있다. 이럴 때는 바로 1년 이상 정기 예금에 가입하는 게 나을 수 있다. 반대로 금리가 내려가는 추세라면 무조건 장기 예금에 가입해두는 게 나을 것이다.

금리와 대출 전략

대출을 받을 때는 변동 금리 대출과 고정 금리 대출 사이에 고민이 생긴다. 금리가 오르는 추세라면 고정 금리 대출이 좋다. 시장 금리가 계속 오르더라도 나에게 적용되는 대출 금리를 고정시킬 수 있기 때문이다.

다만 금리가 완만하게 오르는 경우라면 변동 금리 대출이 나을 수 있다. 고정 금리 대출은 대출 받는 시점의 변동 금리 대출과 비교해 금리가 높게 설정된다. 앞으로 금리를 고정시켜주는 대가가 추가되기 때문이다. 시장 금리가 완만하게 오르는 경우에는 그 대가만큼 금리가 오르지 않을 가능성이 있다. 그러면 괜히 높은 고정 금리를 계속 내게 되는 일이 생길 수 있다.

반대로 금리가 내려가는 경우엔 변동 금리 대출이 낫다. 나에게 적용되는 대출 금리가 시장 금리 하락에 따라 계속 내려가기 때문이다.

장기 채권은 어떨까?

그럼 현 시점에서 금리 재테크는 어떻게 해야 할까? 당분간 저금리가 계속될 것으로 보인다. 경기가 좋지 않은데 해결 방안이 뚜렷하지 않아 한국은행이 기준 금리를 올리기 어렵기 때문이다.

/ 시중 은행 주택 담보 대출 평균 금리 추이

구분 (월)	2018 3	2018 4	2018 5	2018 6	2018 7	2018 8	2018 9	2018 10	2018 11	2018 12	2019 1	2019 2	2019 3
금리 (%)	3.45	3.47	3.49	3.46	3.44	3.36	3.29	3.31	3.28	3.19	3.12	3.08	3.04

자료: 한국은행

　투자할 곳이 많으면 돈을 빌려 투자에 나서면 된다. 낮은 대출 금리를 활용해 대출을 받아 투자하는 것이다. 그렇지만 지금과 같은 저성장 시대에는 투자처가 마땅치 않다. 주식 투자도 앞으로 경기가 확실히 나아진다는 확신이 생기지 않는 한 섣불리 접근하기 어렵다.

　그래서 장기 채권을 추천하는 경우가 있다. 경기 침체가 오래가면서 앞으로 금리가 오르기보다는 떨어질 가능성이 크다고 보고, 5~10년 이상 상대적으로 높은 금리가 약속되는 장기 채권에 돈을 묻어두는 것이다. 한 번 이런 채권을 사놓으면 이후에 시장 금리가 아무리 떨어져도 약속 받았던 금리가 계속 적용돼 금리가 떨어질수록 상대적으로 이익을 본다. 다만 시장 상황은 언제든 급변할 수 있으므로 신중한 판단이 필요하다.

저축성 보험은 제발 알고 가입하자

초저금리 시대에 저축성 보험이 주목받곤 하는데, 정말 잘 따져보고 가입해야 한다. 2019년 5월 기준 예금 금리가 연 1.5% 내외에 그친 반면 저축성 보험은 연 3% 이상의 상대적인 고금리를 주고 있어 재테크 수단으로 각광받고 있다.

그런데 '사업비'를 떼고 나면 이런 고금리가 무색해진다. 사업비는 설계사 수당, 보험사 이윤 등 계약을 유지 및 관리하는 데 들어가는 비용인데, 보험료에서 차지하는 비중이 상당하다. 생명보험협회 사업비 공시를 보면 155개 저축성 보험의 사업비는 납입 보험료의 5~19% 수준에 이른다. 이 금액만큼 원금에서 떼이는 것이다. 한 달 보험료가 100만 원이라면 5~19만 원을 떼어가고, 고객 몫인 적립 계정에는 81~95만 원만 쌓인다. 그래서 이자가 붙는 부분도 81~95만 원에 불과하며, 여기에 아무리 높은 이자율이 설정되더라도 원금 회수를 하는 데 오랜 기간이 걸린다.

반면 은행 예·적금은 납입 금액 전체에 이자가 붙고 원리금 전체가 고객 몫이다. 은행이 별도로 떼어가는 부분이 없다. 이에 따라 돈을 모으는 목적이 저축이라면 예·적금이 유리한 경우가 대부분이다.

그런데도 보험 판매로 돈을 버는 보험사들은 높은 금리만을 강조한다. 여기에 은행들도 창구에서 예·적금보다 저축성 보험을 먼저 권하는 경우가 많다. 보험 판매에 성공하면 보험사로부터 높은 판매 수수료 수입을 받을 수 있기 때문이다.

결국 피해를 보는 쪽은 고객이다. 속은 채로 가입했다가 나중에 돈을 돌려받을 때가 돼서야 사업비의 존재를 알게 되는 것이다.

전문가들은 장기 투자를 할 때 투자의 목적에 맞는 상품을 택하라고 권한다. 다른 목적 없이 돈을 오래 모아서 이를 노후 대비나 자녀 결혼 자금으로 쓰겠다는 경우라면 저축성 보험이 나을 수 있다. 만기가 길어야 3년인 예·적금은 돈이 모일 때마다 다른 곳에 쓰기 쉬운데, 보험은 중간에 해약하면 손해를 보기 때문에 억지로라도 장기간 돈을 모으게 되는 효과가 있다.

아울러 저축성 보험은 10년 이상 유지하면 관련법에 따라 이자에 비과세 혜택이 주어지고, 중간에 사고를 당하면 특별 위로금도 준다. 그럼에도 불구하고 투자 목적이 자산 증식 자체에 있다면 사업비를 떼지 않는 예·적금이 낫다는 게 전문가들의 설명이다.

금과 달러가 안전하다는데

경제 위기를 맞아 금과 달러에 주목해야 한다는 의견도 있다. 코로나19 사태로 당분간 달러 강세가 예상된다. 경제 위기로 세계에서 가장 안전한 달러에 대한 수요가 계속 커질 것이기 때문이다. 이미 2019년 초부터 달러 가치가 많이 올랐다. 이에 따라 자산가 중에는

구분 (월)	2018 4	2018 5	2018 6	2018 7	2018 8	2018 9	2018 10	2018 11	2018 12	2019 1	2019 2	2019 3
평균 환율	1,067.76	1,076.39	1,092.80	1,122.80	1,121.15	1,120.60	1,130.81	1,128.58	1,122.90	1,122.00	1,122.45	1,130.72

자료: 한국은행

외화 예금을 늘리는 경우가 많았다. 달러에 관심이 있는 사람들은 시중 은행에서 외화 예금에 가입하면 된다.

금값에 대해서는 전문가마다 전망이 엇갈린다. 금값을 결정하는 요인은 크게 3가지다. 경제 안정성, 달러 가치, 물가 상승률이다. 금은 오랜 시간이 흘러도 그 가치가 유지되는 대표적인 자산이다. 그래서 '안전 자산'이라고 불린다. 이런 안전 자산의 가치는 큰 경제 위기가 올수록 부각된다. 주식, 부동산 가치가 급락하면 사람들은 안전한 자산을 찾게 되고 그 과정에서 금에 대한 수요가 커져 금값이 올라간다.

그런데 이번 코로나 사태에선 다른 양상이 발견됐다. 달러에만 과도하게 돈이 몰리면서 금값 마저 떨어진 것이다. 원래 금값은 달러 가치와 상충관계를 보이는 경향이 다소 있다. 달러 가치가 올라서 달러에 대한 수요가 늘면, 상대적으로 금은 덜 찾으면서 금값이 떨어지는 것이다. 다만 글로벌 경제 위기가 오면 달러와 금에 대한 수요가 함께 늘면서 동시에 강세를 띠는 경우가 많았다. 그러나 이번 위기에선 달러에 대한 수요가 워낙 커서 금값과 달러값이 다른 움직임을 보였다.

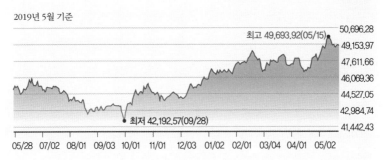

/ 금 1g당 가격 변동 추이

2019년 5월 기준

최고 49,693.92(05/15)

50,696.28
49,153.97
47,611.66
46,069.36
44,527.05
42,984.74
41,442.43

최저 42,192.57(09/28)

05/28 07/02 08/01 09/03 10/01 11/01 12/03 01/02 02/01 03/04 04/01 05/02

자료: 신한은행

금값은 이밖에 물가 상승에도 영향을 받는다. 물가가 크게 오른다는 것은 화폐 가치 하락을 의미한다. 그러면 예전과 같은 양의 금을 구입하기 위해 더 많은 화폐를 줘야 한다. 이는 곧 금값 상승을 뜻한다. 요컨대 물가가 크게 오르면 금값도 올라간다.

이를 근거로 향후 금값을 예상해보면, 우선 당분간 이어질 달러 강세는 금값을 내리는 요인이 된다. 반면 글로벌 경기 불안은 금값 강세를 점치게 하는 요인이다. 다만 달러에 대한 수요가 너무 클 경우 금값은 약세를 보일 수 있다. 또 경기 충격으로 물가상승률이 매우 낮을 경우 금값은 상승이 제한될 수 있다. 한편에선 2010년대 한동안 금값이 부진할 때 관련업체들이 금광 개발을 거의 하지 않아 금 부족 사태가 벌어질 수 있고, 이게 금값을 올릴 수 있다는 주장이 있다. 또 금값이 너무 내려갔다는 심리가 퍼질 경우 저가 매수 수요가 나오면서 금 값이 올라갈 수도 있다. 이런 요인들 중에서 무엇이 더 큰 힘을 발휘 하느냐에 따라 금값의 향방이 결정될 것으로 보인다.

금에 관심이 있는 사람들은 시중 은행을 찾으면 공인된 골드바를 구입할 수 있다. 규격이 몇 가지로 정해져 있는데, 보통 10g짜리부터 1kg 규격 사이에서 판매되고 있다. 다음으로 '골드뱅킹'이 있다. 이는 통장에 금을 적립하는 방식이다. 골드뱅킹 통장에 현금을 납입하면 실물을 받는 게 아니라 통장에 금을 얼마나 보유하고 있는지 표시된 다. 예를 들어 금 1g 가격이 5만 원인 상황에서 10만 원을 납입하면 통장에 10만 원이 아닌 2g이 표시되는 식이다. 추후 은행에 현금화를 요구하면 이때 금 시세에 따라 돈을 돌려받게 된다. 이에 실제로 금을 구입한 것과 같은 효과를 내면서 보관상 불편함을 덜 수 있다.

골드바보다는 골드뱅킹이 유리하다. 골드바는 제작비용과 거래비 용이 있어서, 살 때는 골드뱅킹보다 비싸고 팔아서 현금화할 때는 골 드뱅킹보다 적게 받는다. 여기에 골드바는 구입 가격 전체에 대해 부 가가치세 10%를 내야 하지만, 골드뱅킹은 추후 팔 때 구입 가격이 아 닌 시세 차익의 15.4%(금융 소득 종합과세 대상자는 최고 41.8%)를 세금 으로 내면 되므로 세금 부분에서도 골드뱅킹이 유리한 측면이 있다.

금융 소득 종합과세 대상자가 아닌 일반인들은 금 투자를 통해 65% 이상 수익률이 나지 않는 상황이면 골드바보다 골드뱅킹의 세금 부담 이 더 낮다는 게 전문가들의 설명이다.

신용 창조로 100만 원을
271만 원으로 만드는 마법

한국은행에 따르면 2019년 1월 기준 시중 자금은 3,908조 원에 육박한다. 경제 주체들이 금융 시장에서 예금, 주식, 채권 등 다양한 형태로 갖고 있는 자금을 모두 합해봤더니 3,908조 원이 되더라는 얘기다. 2018년 우리나라 GDP(국내총생산) 1,782조 원의 2배에 달하는 어마어마한 돈이다. 그런데 이것이 우리가 흔히 생각하는 돈과는 다른 개념이다. 무슨 말일까? 금리에 대한 보다 깊은 이해를 위해 돈에 대해 좀 더 알아보기로 하자.

직장인 고정욱 씨가 A은행에 100만 원을 예금했다고 해보자. A은행은 이 가운데 10만 원을 놔두고 B기업에 90만 원을 빌려줬다. 은행이 남겨둔 10만 원을 앞서 설명했듯이 '지급준비금'이라고 한다. 고정욱 씨와 같은 예금자들이 돈을 찾으러 오면 바로 지급할 수 있도록 평균적으로 떼어놓은 돈이다.

돈을 빌린 B기업이 대출 받은 90만 원을 다시 C은행에 예치했다고 치자. 돈을 쓰기까지 약간 시간이 걸려 은행에 넣어둔 것이다. 그러자 C은행은 90만 원 중 10%인 9만 원을 떼어놓고 81만 원을 D기업에 대출해줬다. 그리고 D기업은 다시 81만 원을 E은행에 예치했다.

이 같은 과정을 찬찬히 되돌아보자. B기업과 D기업은 대출과 동시에 각각 90만 원과 81만 원의 예금을 갖게 됐다. 언제든 찾아 쓸 수 있기에 각각 B와 D의 자산이다. 이 자산의 원천은 고정욱 씨가 최초 예금한 100만 원이다. 100만 원에서 시작해 대출과 예금을 반복하다 보니 B와 D에게 없던 예금이 새로 생긴 것이다. 고정욱 씨와 B기업 그리고 D기업이 갖고 있는 예금을 모두 합하면 271만 원이다.

그럼 이제 각 주체들이 갖고 있는 현금을 합해보자. 여기에서 현금은 지갑 속에 있는 돈을 의미한다. 우선 고정욱 씨가 갖고 있는 현금은 하나도 없다. 모두 은행에 예치했기 때문이다. 이후 순서대로 살펴보자. A은행은 지급준비금으로 갖고 있는 10만 원이 있다. B기업은 대출 받아 모두 예치했기 때문에 현금이 하나도 없다. C은행은 지급준비금으로 떼어둔 9만 원이 있다. D기업은 B기업처럼 대출액을 모두 예치했기에 현금이 없다. 마지막으로 E은행은 D기업으로부터 받은 예금을 누구한테 빌려주지 않고 그대로 보유하고 있으므로 81만 원이 있다. 결과적으로 현금을 갖고 있는 A은행(10만 원), C은행(9만 원), E은행(81만 원)의 돈을 모두 합하면 100만 원이다.

요즘 금리 쉬운 경제

예금과 대출을 거치면서 예금은 271만 원으로 커졌다. 하지만 현금 합계액은 100만 원으로 최초 A가 갖고 있던 돈과 일치한다. 그런데 예금은 E은행의 결정에 따라 더욱 커질 수 있다. E은행이 다른 기업에 대출하고, 그 기업이 은행에 예치하고, 또 그 은행이 다시 대출해주는 과정을 거치면서 폭발적으로 증가하게 된다. 그러나 예금이 얼마나 커지건 간에 현금은 100만 원 그대로다. 예금과 대출을 거치면서 시스템상의 액수만 커졌을 뿐이다. 경제학에서는 이를 '신용 창조(Credit Creation)'라고 부른다.

신용 창조는 경제 주체의 현금 보유 성향과 은행의 대출 성향으로부터 영향을 받는다. 경제 주체들이 가급적 적은 현금만 보유하면서 대부분 돈을 은행에 예금하고, 이를 은행들이 적극적으로 대출해준다면 시중 유동성은 폭발적으로 증가하게 된다.

한국은행에 따르면 2019년 1월 말 기준으로 국내 현금액은 117.4조 원이다. 시중 자금 3,908조 원과 비교하면 매우 적은 돈이다. 그것이 신용 창조를 거치면서 3,908조 원으로 커진 셈이다.

아파트 가격 급등의
원흉, 유동성

3,908조 원은 시스템상에서 커진 돈이기에 헷갈리지 않도록 '돈'이라는 용어 대신 '유동성'이라는 표현을 써보자. 해석하면 시중에 돌아다니는 돈 같은 것들을 모두 합한 결과라고 보면 된다. '유동성'은 사전적으로는 "현금으로 교환될 수 있는 것"을 의미한다. 예금이 대표적이다. 예금 그 자체가 현금은 아니지만 내가 원하면 언제든 현금으로 인출할 수 있다.

유동성은 보유 자금의 합

유동성은 여러 형태로 구분된다. 우선 M1이 있다. 월급 통장에 들

요즘 금리 쉬운 경제

어 있는 돈처럼 곧바로 현금화할 수 있는 돈을 뜻한다. 다음으로 M2
가 있다. M1만큼 쉽지는 않지만 다음으로 현금화가 용이한 것들도
포함한다. 만기가 짧은 정기 예금이 대표적이다. 현금화하면 이자에
서 손해를 봐야 하기에 여간해서는 현금화하지 않지만, 굳이 원하면
언제라도 현금화할 수 있다.

다음으로 Lf가 있다. 만기 2년 이상 장기 금융 상품이나 생명보험
계약준비금처럼 바로 현금화하기 매우 곤란한 것까지 포함한다. 장
기 금융 상품이나 생명보험 계약준비금은 현금화할 경우 큰 손실을
봐야 해서 웬만하면 현금화하지 않는다.

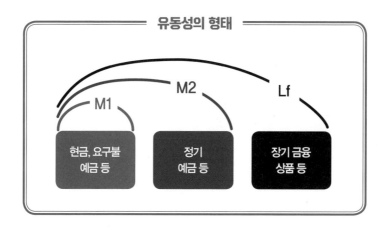

3,908조 원은 바로 Lf의 2019년 1월 기준 금액이다. 시중 유동성이
커지는 핵심은 대출 '수요'와 은행 행태에 있다. 대출 받겠다는 사람이
크게 늘면 은행은 예금 이자율을 올려 예금을 유치하는 등 갖가지 수

단을 동원해 돈을 끌어 모아 대출해주려고 한다. 그래야 수익이 늘어나기 때문이다. 이런 과정을 거쳐 예금과 대출이 동반 증가하면 시중 유동성이 크게 늘어나게 된다.

유동성은 결국 "경제 주체들이 보유하고 있는 자금의 합"으로 정의할 수 있다. 예를 들어 A가 예금 1,000만 원, 적금 500만 원, 국공채 5,000만 원어치를 보유하고 있다면, A가 갖고 있는 유동성은 6,500만 원이 된다.

유동성을 공급하는 주체들

유동성 공급의 원천은 중앙은행인 한국은행이다. 돈을 찍어 공급한다. 찍은 돈을 공급하는 경로는 여러 가지다. 시중 은행에 대한 대출, 시중 은행이 보유한 어음 매입, 정부 대출, 은행으로부터 달러 구매 등이다. 이렇게 하면 한국은행이 발행한 화폐가 시중에 풀리게 된다.

기업과 외국인 투자가들도 경제에 유동성을 공급한다. 기업들은 무역 흑자를 통해 해외에서 자금을 유입시키고, 외국인 투자가는 직·간접 투자를 통해 자금을 국내에 공급한다. 이 돈이 은행에 들어가 대출 재원이 되면서 유동성을 더욱 키우게 된다. 금융 회사들은 또한 대출 외에도 해외에서 자금을 직접 차입해 국내에 공급하기도 한다. 채권을 발행해 민간에서 잠자는 유동성을 흡수한 뒤 이를 대출 형태로 유

　요즘 금리 쉬운 경제

2019년 3월 기준 (단위: 1조 원)

구분	금액
화폐 발행액	117.4
M1	879.2
M2	2,763.2
Lf	3,908.1

자료: 한국은행

통시켜 유동성을 키우기도 한다.

정부도 일정 역할을 한다. 정부가 채권을 발행하면 민간은 보유하고 있던 유동성으로 채권을 매입하는데, 이 과정에서 민간에 잠자고 있던 유동성이 정부로 들어간 뒤에 재정 지출 등의 형식으로 시장에서 유통돼 시중 유동성을 키우게 된다. 정부 채권이 발행되지 않았더라면 움직이지 않고 잠자고 있었을 유동성이 정부를 통해 유통되는 것이다. 정부 채권은 통상 계획에 없었던 추가 재정 지출 수요가 벌어질 때 신규 발행되는 경우가 많다. 세수 등 재정 수입이 한정된 상황에서 갈수록 증가하는 재정 수요에 대응해야 할 필요성은 계속 커지고 있어 채권 발행은 지속적으로 증가하는 추세다.

지금 한국 경제 상황은

2010년대 중·후반 정부와 한국은행은 각종 정책을 통해 유동성 공급을 크게 늘린 바 있다. 생각대로 경기가 살아나지 않자 채권 매입과 같은 다양한 수단을 동원해 시중에 돈을 푼 것이다. 아울러 금리를 매우 낮은 수준으로 유지해 가계와 기업이 쉽게 대출을 받을 수 있도록 함으로써 유동성 공급을 늘렸다.

상황을 좀 더 자세히 살펴보면 M1을 기준으로 2011년부터 2013년까지 한 자릿수였던 전년 대비 유동성 증가율은 2014년부터 2016년 사이 최대 20%를 웃돌았다. 지나친 상승이다. 이렇게 시중 유동성이 크게 늘면 경제 주체들의 지출 여력이 커진다. 개인은 소비를 하거나 부동산, 주식 등에 자금을 투입할 수 있고, 기업은 설비 투자를 할 수 있다. 그러면 경기가 진작된다. 당시 정부는 이 효과를 노려 유동성을 크게 늘렸다. 또한 유동성이 증가하면 금리 하락이 배가된다. 유동성이 늘면 상대적으로 대출 받기 쉬워지면서 돈의 가격인 금리가 내려가는 것이다. 이는 기존 대출자의 이자 부담을 줄여 소비와 투자 여력을 키움으로써 경기 진작 효과를 강화한다.

반대로 시중 유동성이 감소하면 경제 주체들의 지출 여력이 줄어든다. 그러면 경기가 둔화된다. 게다가 유동성이 줄어들면 자금의 가치가 올라가면서 금리가 상승한다. 이는 기존 대출자의 이자 부담을 늘려 소비와 투자 여력을 줄임으로써 경기 둔화 효과를 배가시킨다.

유동성 변화의 경제 효과

유동성 증가	유동성 감소
지금 가치 하락	지금 가치 상승
금리 하락	금리 상승
소비와 투자 여력 증대	소비와 투자 여력 감소
경기 개선	경기 악화

그런데 경제가 꼭 의도대로 흘러가지는 않는다. 시중 유동성 증가는 다양한 부작용을 낳는다. 첫째, 생산물이 한정된 상황에서 시중 유동성이 지나치게 증가하면 물가가 오른다. 생산물은 그대로인데 유동성만 늘면서 생산물의 상대적인 가치가 높아지기 때문이다. 둘째, 시중 유동성이 적절히 배분되지 않고 한곳에 집중되면 특정 부문의 가격만 지나치게 올라간다.

2가지 부작용 중에서 최근 상황은 후자에 해당한다. 물가 상승률은 1%대에서 안정을 보였지만 부동산 가격은 급등한 것이다. 즉, 2017~2018년 부동산 가격 급등의 배경에는 2014~2016년 급증한 유동성이 자리 잡고 있다. 유동성이 늘어남에 따라 경기가 나아지면서 각종 상품과 자산 가치가 고르게 올라야 했는데, 유동성이 부동산

(단위: %)

구분	2009	2010	2011	2012	2013	2014	2015	2016	2017	2018
증가율	17.8	9.9	3.3	6.3	9.7	13.6	20.9	12.3	6.8	1.9

자료: 한국은행

에만 집중되면서 시차를 두고 부동산 가격만 급등시킨 것이다. 그러면서 생각만큼 경기는 살아나지 않았다. 오로지 부동산 가격만 높이고 만 것이다.

유동성 증가를 막는 방법

이런 상황이 언제까지나 지속될 수는 없다. 이탈된 경로는 언젠가는 정상 궤도로 돌아오게 마련이다. 특히 경제 위기와 겹치면 보다 폭발적인 힘으로 돌아오려는 강한 관성을 보이게 된다. 경제 위기가 터지면 너도나도 대출 회수에 나선다. 나만 돌려받지 못할까 두려워 동시 다발적인 회수에 나서는 것이다. 그렇게 되면 빚내서 집을 산 사람들은 집을 팔아 빚을 갚아야 하거나 집이 안 팔려 빚을 못 갚는 상황에 이르게 된다. 이는 집값 급락으로 이어지고 은행도 예금자에게 예금을 돌려주지 못하면서 파산할 수 있다.

이 같은 사태를 막으려면 정부와 한국은행이 시중 유동성을 줄이기 위한 노력을 해야 한다. 유동성을 줄이는 방법으로는 크게 2가지가 있다. 첫째, 유동성 창조의 바탕이 되는 현금 공급 자체를 줄이면 된다. 한국은행이 화폐를 덜 발행하면 된다는 뜻이다. 둘째, 금융 회사가 대출을 줄이도록 하면 된다.

대출을 줄이는 방법은 3가지로 나뉜다. 첫째, 정부가 금융 회사를 상대로 대출을 줄이도록 규제하면 된다. 둘째, 한국은행이 금리를 올리면 된다. 금리를 올리면 대출에 대한 부담이 늘어 대출이 줄어든다. 한국은행은 이를 위한 수단으로 모든 금리의 바탕이 되는 기준 금리 조절 권한을 갖고 있다(다음 장에서 보다 자세히 알아보겠다). 셋째, 한국은행의 지급준비율 인상이 있다. 2018년 정부와 한국은행은 3가지 방법 중 대출 규제에 집중했다. 금리와 지급준비율 인상은 경기를 위축시킬 위험이 있어서 부동산 가격 안정만 타깃으로 하는 대출 규제에 집중한 것이다. 그러나 부동산 담보 대출을 조였더니 규제를 받지 않는 신용 대출이 증가하는 식으로 정책 효과가 제대로 발휘되지 않으면서 결국 집값이 크게 오르고 말았다.

떠다니는 부동 자금

'부동 자금'이라는 것이 있다. 3,908조 원의 유동성 가운데 현금화하기 '매우' 쉬운 것만 따로 분류한 것이다. 대표적인 것이 MMF,

CMA, 요구불 예금 등이다. 현금화하기가 무척 쉽기 때문에 언제든지 흘러 다닐 수 있도록 떠 있다고 해서 '부동(浮動)'이라는 단어가 붙었다. 다른 상품은 만기 전에 찾으려면 이자 손해를 봐야 해서 곧바로 현금화하기 어렵지만, 요구불 예금 등은 제약 없이 현금화할 수 있다.

부동 자금의 증가는 그 존재 자체가 경제에 문제가 있다는 신호가 될 수 있다. 부동 자금이 늘어난다는 것은 현재 돈이 제대로 돌고 있지 않다는 것을 의미하기 때문이다. 유동성은 기본적으로 채권 등을 통해 직·간접적으로 기업에 흘러들어가 경제 활력을 높이는 역할을 해야 한다. 그렇지 않고 부동 자금으로 남아 있으면 유동성의 선순환 효과를 내지 못하고 결과적으로 경제에 문제를 일으키게 된다.

특히 부동 자금이 잠자고 있다가 쏠림 현상과 결부되면 더욱 큰 문제를 일으킨다. 부동산 시장으로 쏠려 부동산 거품을 만들거나, 비트코인(Bitcoin)과 같은 투기성 상품에 몰리는 것이 대표적인 예다. 이런 일을 막기 위해서는 금리를 올려서 부동 자금이 은행 예금 등으로 들어가도록 해야 한다. 그래야 특정 분야로 돈이 급격히 쏠리는 일을 막을 수 있다. 그러지 않고 금리가 매우 낮게 유지되면 은행 상품 등에 매력을 못 느낀 자금이 대거 부동화되면서 결국에는 부동산 가격 급등과 같은 문제를 일으킨다.

현재 국내 부동 자금은 1,100조 원 정도다. 전체 유동성에서 차지하는 비중이 30%를 상회한다. 통상 20% 미만으로 떨어져야 경제에 큰 왜곡이 없는데 지금의 수치는 지나치게 높은 것이다. 이 가운데 일부만 부동산 시장에 들어가도 부동산 가격은 다시 들썩일 수 있다. 부동 자금이 자산 시장을 돌아다니면서 쏠렸다가 빠져나오는 과정을 반복해 곳곳에서 거품이 생겼다가 꺼지는 일이 계속되지 않도록 꾸준한 관리가 필요하다.

경제가 어려울 때 힘이 되는
유연한 금융 지식

* 주식투자 *

재테크의 다른 축인 주식 시장에 대해 알아보자. '경기종합지수 (Composite Index)'를 구성하는 변수들이 큰 영향을 미친다. 간단히 CI 라고도 부른다. CI는 선행(leading)과 동행(coincident)이 중요하다.

이 지수들은 주가에 복합적인 영향을 준다. 각 지표들이 상승하고 있으면 경기가 확장하고 있으니 주가가 오를 가능성이 커지고, 하락하고 있으면 경기가 하강하고 있으니 주가가 내려갈 가능성이 커진다. 상승 또는 하락 기간도 중요하다. 오랜 기간 상승하면 장기적인 확장 기조에 있는 것이고, 오랜 기간 하락하면 장기적인 하강 기조에 처한 것이다. 잠깐의 상승이나 하락에는 큰 의미를 부여하지 않으며, 추세적인 상승이나 하락을 중요하게 여긴다.

우선 앞으로 경기가 어떻게 될지 보여주는 '선행종합지수'를 구성하는 지표를 보면 재고 순환지표, 소비자 기대지수, 기계 수주액, 자본재 수입액, 건설 수주액, 순상품 교역 조건, 금융 기관 유동성, 장단기 금리차가 있다.

'재고 순환지표'는 상품의 출하 증가율에서 재고 증가율을 뺀 수치

요즘 금리 쉬운 경제

다. 시장에 출시하는 상품 양의 증가율이 재고로 쌓이는 것의 증가율보다 크면 앞으로 물건이 많이 팔릴 것으로 전망할 수 있으므로 장차 경기가 좋아질 것으로 볼 수 있다.

'소비자 기대지수'는 말 그대로 소비자들이 앞으로 경기를 어떻게 기대하고 있는지를 설문조사해 수치화한 것이다. 생산에 쓰이는 '기계 수주액'과 '자본재 수입액'이 늘면 앞으로 생산이 늘 것으로 전망할 수 있다. '건설 수주액'이 늘면 앞으로 건설 공사가 많아질 것으로 볼 수 있고, '순상품 교역 조건'이 개선된다는 것은 수입 단가보다 수출 단가가 많이 오른다는 뜻으로 수출액이 늘면서 경기가 좋아지리라고 기대할 수 있다.

'금융 기관 유동성'이 증가하면 시중에 돈이 풀려 경기가 회복될 것으로 전망할 수 있고, 장기 금리가 단기 금리보다 크게 오르면 향후 돈을 빌리는 수요가 커진다는 뜻이므로 경기가 좋아지리라고 전망할 수 있다.

설명한 지표들이 반대의 흐름을 보인다면 앞으로 경기가 악화되면서 주가가 약세를 보일 것이라고 전망할 수 있다.

다음으로 현재 경기를 나타내는 '동행종합지수'를 구성하는 지표를 보면 광공업 생산지수, 제조업 가동률지수, 건설 기성액, 서비스업 생산지수, 도소매 판매액지수, 내수 출하지수, 수입액, 비농가취업자 수가 있다. 모두 수치가 커질수록 바로 지금의 생산, 소비, 고용 등 현재 경제 활동이 활발하다는 것을 나타낸다. 따라서 현재 경기를 나타

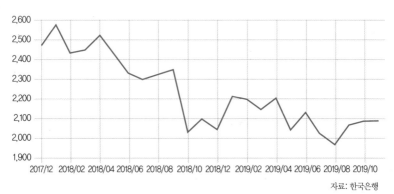

자료: 한국은행

내고 있다고 보면 된다. 이 수치들 역시 계속 좋아지는 것이 주가에 유리하다.

주식에 입문하는 사람이라면 이 같은 지수부터 잘 숙지하는 것이 중요하다. '쌀 때 사서 비쌀 때 파는 것'이 주식이라면 경기가 안 좋을 때 사서 좋을 때 팔아야 한다. 이를테면 지금 경기가 좋지 않아 경기 동행지수들이 안 좋을 때 주식을 매입해 선행지수들이 정점에 이를 때 파는 식이다. 이처럼 투자한다고 반드시 성공을 보장할 수 없지만 적어도 손해는 보지 않는다는 것이 많은 전문가들의 조언이다.

금리도 큰 영향을 미친다. 금리가 내려가면 경제 주체들은 돈을 빌리기 용이해진다. 이에 따라 대출이 늘어 시중에 돈이 풀리면 생산과 소비가 늘어 경기를 진작시킬 수 있다. 또한 이미 돈을 빌리고 있는 기업이나 개인들은 이자 부담이 줄어 투자와 소비를 늘릴 수 있다. 이는 주가 상승 요인이 된다. 낮은 이자에 실망한 자금이 주식 시장으로 돌아와 주가를 올리는 효과도 낳는다. 경기가 나아질 것이라는 기대와 함께 금리가 낮아진 예·적금보다는 주식의 가치가 부각되면서 주식을 사려는 수요가 늘어 주가 상승을 유도하는 것이다.

외국인 투자도 중요하다. 외국에서 자금이 많이 들어와 주식 시장에 유입되면 주가 상승 요인이 된다.

북핵 리스크도 고려해야 한다. 외국인들은 북핵 리스크를 우려의 눈길로 바라본다. 언제든 전쟁이 발발해 경제가 위험해질 수 있다고 보는 것이다. 이 때문에 투자를 주저하는 외국인들이 많아 우리나라 주가는 경쟁국보다 저평가되고 있다. 북핵 리스크가 주식 저평가의 요인이 되고 있는 것이다.

제6장

금리와
채권

사채업자의 차용증과
삼성전자의 회사채

이번 장에서는 금리를 주고받는 증서, 즉 채권에 대해 알아보기로
하자.

채권, 돈 빌려주고 받은 차용증

채권은 한마디로 돈을 빌려줬다는 증서를 뜻한다. 채권에는 빌려준
금액(권면액)과 이자율이 기재돼 있다. 멀리서 찾을 필요 없다. 돈을
빌려주고 받은 차용증이 채권이다. 다만 금융 시장에서 숱하게 일어
나는 자금 거래 때마다 종이를 꺼내 차용증을 쓰는 것은 무척 번거로
운 일이다. 그래서 미리 대량으로 증서를 만들어놓는다.

이렇게 대량으로 채권을 발행하는 쪽은 주로 금융 회사와 기업이다. 자금을 조달하기 위해 발행한다. 삼성전자가 100억 원을 조달하기 위해 1억 원짜리 채권 100장을 발행하는 식이다. 이 가운데 한 장을 매입하면 삼성전자에 1억 원을 빌려준 것과 같은 효과를 낸다. 1억 원 빌려주고 차용증을 받든지 1억 원짜리 채권을 매입하든지 같은 결과인 것이다. 만기에 이를 발행자에게 제출하면 원금과 함께 약속한 이자를 돌려받게 된다.

시중에 나와 있는 대부분의 금융 상품은 채권의 일종이라 할 수 있다. 우리가 몇 개씩 보유하고 있는 예금 통장을 보면 예금액과 이자율이 기재돼 있다. 이를 만기에 은행에 갖다 주면 원금과 이자를 상환받을 수 있다. 다시 말해 예금통장은 우리가 은행에 돈을 빌려줬다는 증서이며, 이런 의미에서 채권의 일종이라고 볼 수 있다.

채권의 종류

채권은 투자자 모집 방식에 따라 공모채와 사모채로 나뉜다. 공모채는 정식 공고를 통해 시장에서 공개로 모집하는 채권이다. 자금만 있으면 누구나 증권사 창구 등에서 매입할 수 있다. 사모채는 일부 투자자에게 개별로 접촉해 발행하는 채권이다. 연락을 받은 소수의 투자자만 채권을 살 수 있다. 발행 주체가 자금 동원 사실을 알리고 싶

/ 발행 주체별 채권 종류

공모채	널리 알려서 판매하는 채권
사모채	일부 자산가나 금융 회사에만 판매하는 채권
국고채	나라가 발행하는 채권
회사채	기업이 발행하는 채권
금융채	금융 회사가 발행하는 채권

/ 국고채와 회사채 금리 비교

구분	금리(연%)
국고채 3년물	1.736
회사채 AA- 등급 3년물	2.207

지 않거나, 개별 협상을 통해 좀 더 유리한 금리로 채권을 발행하고자 할 때 활용한다. 사모채를 사는 사람들은 드러내지 않으면서 거액을 간편하게 운용할 목적으로 투자한다.

발행 주체에 따라서는 국고채, 회사채, 금융채로 나뉜다. 말 그대로 국고채는 국가가, 회사채는 기업이, 금융채는 금융 회사가 발행하는 채권이다. 국고채는 국가가 세금 수입으로 재정 지출을 감당할 수 없을 때 발행하며, 발행 물량만큼 재정 적자로 쌓이게 된다. 줄여서 국채라고도 한다. 국가뿐 아니라 공공 기관이나 지방자치단체도 비슷한 성격의 채권을 발행할 수 있다. 이렇게 공적 기능이 있는 기관이

요즘 금리 쉬운 경제

발행한 모든 채권을 아울러 국공채라 부른다.

각각의 채권에는 신용평가 회사들이 부여하는 신용등급이 매겨진다. 신용평가 회사들은 발행 주체 신용도를 심사해 채권에 신용등급을 부여한다. 이에 채권의 신용등급은 채권 발행 주체의 신용도와 같은 것으로 해석한다. 가장 신용도가 높은 채권에는 AAA등급이 부여된다. 국고채나 우량 대기업 또는 은행이 이런 등급을 받을 수 있다. 그중에서도 국가가 파산할 가능성은 극히 드물기에 국고채 금리가 가장 낮게 형성된다.

반대로 가장 신용도가 낮은 채권에는 D등급이 부여된다. 등급이 낮을수록 돈 떼일 확률이 커지면서 금리도 높아진다. 위험도가 높아지면서 수익률도 올라가는 것이다. 일반적으로 C 이하 등급 채권은 '투기등급' 채권으로 본다. 이 정도로 신용도가 낮은 채권을 사는 것은 투기하는 것처럼 위험하다고 보는 것이다.

채권과 주식이 만나면 ⟨↗

회사채는 좀 더 자세히 들여다볼 필요가 있다. 회사채는 자주 주식과 연동된다. CB(Convertible Bond, 전환 사채), BW(Bond with Warrant, 신주 인수권부 사채), EB(Convertible Bond, 교환 사채)가 대표적이다. CB는 약속한 기한이 돌아오면 주식으로 전환, 즉 바꿀 수 있는 회사채를 뜻한다. 약속한 시점에서 CB 구매 때보다 주가가 올라 있는 상태라면 CB 구매자는 회사로부터 채권을 주식으로 교환받을 수 있다. 반대로 주가가 떨어진 상태라면 그대로 채권으로 보유하면 된다. 예를 들어 A사 주가가 현재 주당 4만 원인데 6개월 후 4만 원(전환 가격)에 A사 주식 1주를 받을 수 있는 조건의 CB를 400만 원어치 발행했다고 치자. 6개월이 지난 시점에서 A사 주가가 10만 원으로 오른 상황이라면 구매자는 A사 측에 채권을 주식으로 바꿔달라고 요청할 수 있다. 회사는 CB 대금을 상환하지 않는 대신 신주를 발행하거나 자사주를 풀어 400만 원짜리 채권을 주식 100주(400만 원/4만 원)로 바꿔준다. 그럼 구매자는 100주를 시장에 내다 팔아 1,000만 원(10만 원 × 100주)을 확보할 수 있다. 투자 원금과 비교하면 600만 원이 초과돼, 150%의 고수익률을 기록하게 된다. 물론 주식을 그대로 들고 있어도 무방하다. 반면 주가가 전환 가격 이하로 떨어져 주식으로 바꾸는 게 오히려 손해라면 채권 구매자는 계속 채권으로 보유하면 된다.

BW는 채권이 주식으로 바뀌지는 않지만 신주를 인수할 수 있는 권리가 부여된 채권이다. 이 역시 기간과 인수 가격이 구매 때부터 정해진다. 예를 들어 현재 주가가 주당 4만 원인데 6개월 후 주당 4만 원에 주식을 살 수 있는 권리가 덧붙여진 BW를 매입했다고 치자. 6개월 후 주가가 주당 4만 원을 넘으면 권리를 행사해 주당 4만 원에 신주를 배정받은 뒤 시장에 내다 팔아 차익을 남길 수 있다. 이 경우 채권 자체는 그대로 남으며 채권 만기에 채권 매입액을 돌려받으면 된

CB(전환 사채)	주식으로 바꿀 수 있는 회사채
BW(신주 인수권부 사채)	신주를 배정받을 권리가 부여된 회사채
EB(교환 사채)	기업이 보유한 다른 주식으로 바꿀 수 있는 회사채

다. 당연히 받은 주식을 팔지 않고 계속 보유하는 것도 상관없다.

EB는 전환 사채처럼 주식으로 바뀌는 채권이다. 그런데 이때 바뀌는 대상이 해당 기업이 아닌 그 기업이 보유한 다른 주식이다. 예를 들어 A사가 발행한 EB를 매입하면 A사가 아닌 A사가 보유하고 있는 B사의 주식으로 바뀌는 채권이다. 큰 틀은 같다. 매입 때와 비교해 권리 행사 시점에서 B사의 주가가 오를 경우 전환하면 된다.

기업들이 CB, BW, EB를 발행하는 것은 조달 금리를 낮추기 위해서다. 일반 채권에 없는 '기회'가 부여되므로 낮은 금리가 지급된다. 일반 회사채라면 연 5% 금리로 발행해야 하는 신용도를 가진 회사가 연 2%로 CB를 발행하는 식이다. 물론 CB 등을 발행 한 후에 주가가 크게 오르면 기업은 보다 비싼 값에 발행할 수 있는 주식을 싼 값에 부여해야 하므로 실질적으로 손해를 보게 된다. 하지만 이런 상황이 실제 벌어질지 예측할 수 없는 상황에서 지금 당장 낮은 금리로 채권을 발행할 수 있다는 것은 분명히 매력적인 일이 될 수 있다.

채권의 분류 ⟨⟩〰↗

만기에 따라서는 단기채, 중기채, 장기채로 나뉜다. 보통 만기 1년 미만의 채권은 단기채로, 1~5년의 채권은 중기채로, 5년 이상 채권은 장기채로 본다. 하지만 뚜렷한 구분은 없고 편의대로 쓰일 때가 더 많다. 기간에 따라 채권에는 '~물'이라는 표현이 붙는다. 기업이 발행한 만기 3년짜리 채권을 '회사채 3년물'로 부르는 식이다.

채권 시장에서는 만기 1년, 3년, 5년 채권을 중심 채권으로 여긴다. 예를 들어 삼성전자 회사채의 금리 동향을 파악하기 위해 삼성전자가 발행한 여러 채권 가운데 3년물의 금리를 살펴보는 식이다. 국고채에 한해서는 만기 14년짜리 장기 채권 금리를 중요하게 보기도 한다. 채권 만기는 매우 다양하며 만기가 하루에 불과한 '오버나이트(over night)' 채권도 있다. 발행 하루 만에 돈을 갚고 없애버린다. 매우 짧은 기간 자금을 융통할 필요가 있는 금융 회사들이 주로 이용한다.

상환 순위에 따라서는 선순위채와 후순위채로 나뉜다. 기업이 파산하면 기업은 보유 자산을 팔아 채무자에 상환을 해준다. 이때 선순위 채권을 산 사람들에게 먼저 상환하며, 남는 게 있어야 후순위채 투자자에 상환해준다. 보통 후순위채 투자자들이 상환 받는 일은 거의 없다. 이런 위험이 있는 만큼 후순위채에는 상대적으로 높은 금리가 붙는다. 상환 순위를 단순히 선순위와 후순위로만 구분하지 않고 여러 등급으로 세세하게 나눌 때도 있다. 선순위와 후순위 사이에 '메자닌

요즘 금리 쉬운 경제

(mezzanine)'이라는 상환 순위가 중간 정도인 등급을 따로 설정하는 것이 대표적이다.

발행 지역에 따라서는 국내 채권과 해외 채권으로 나눌 수 있다. 말 그대로 국내 기업, 정부, 금융 회사가 국내에서 원화 자금을 조달하기 위해 발행하는 채권은 국내 채권이고, 해외에서 외화 자금을 조달하기 위해 발행하는 채권은 해외 채권이다. 국제 금융 시장에서는 발행 지역에 따라 해당국의 특성을 살려 별칭으로 부르기도 한다. 한국, EU, 미국, 일본, 호주, 영국, 중국에서 발행하는 채권은 순서대로 아리랑(김치), 유로, 양키, 사무라이, 캥거루, 불독, 판다본드로 불린다.

이때 해당 별칭은 해당국에 본사를 두지 않은 외국인이 발행할 때만 붙는다. 이를테면 삼성전자가 미국에서 달러 표시 채권을 발행하면 양키본드라고 불리지만, 애플이 발행하면 해당 별칭으로 불리지 않는다. 반대로 애플이 한국에서 원화 표시 채권을 발행하면 아리랑본드에 포함되지만, 삼성전자가 발행하면 그렇게 불리지 않는다. 이런 유형의 본드 가운데 유로본드 발행량이 가장 많아서 어떤 나라에서 외국인이 발행하는 채권을 통칭해 유로본드라고 부르기도 한다. 퐁퐁, 트리오 등 여러 가지 주방 세제가 있는데, 퐁퐁으로 주방세제를 통칭해 부르는 것과 비슷하다고 보면 된다.

이 밖에 담보가 설정됐는지의 여부에 따라 담보 채권과 신용 채권으로 나뉜다. 담보 채권은 발행자가 파산을 해 갚을 여력이 없을 경우 설정된 담보를 팔아 원리금을 상환하는 채권이다. 해당 담보는 채권

유형	종류
만기	단기, 중기, 장기채
상환 순위	선순위, 후순위채
발행 지역	국내, 해외 채권
담보 설정	담보, 신용 채권

상환용으로만 쓰이며, 기업이 파산하면 담보 소유권은 채권 구매자에게로 사실상 이관된다. 반면 신용 채권은 담보 없이 오직 채권 발행자의 신용으로 발행되는 채권이다. 주택 담보 대출과 신용 대출의 차이로 이해하면 된다.

경제를 압축해 보여주는 채권 금리

채권마다 금리가 다르다. 어떤 채권은 두 자릿수의 높은 금리가 매겨지는 반면, 또 어떤 채권은 연 1%도 안 되는 매우 낮은 금리가 매겨진다. 채권 금리는 어떻게 결정되는 걸까?

채권 금리에 영향을 미치는 변수들

채권 금리에 영향을 미치는 변수는 크게 2가지다. 첫 번째로 시장 전체 자금 수급 상황이 있다. 전반적으로 시중에 유동성이 풍부해 돈을 쉽게 구할 수 있으면 채권 금리는 내려간다. 시중에 돈이 많은 상황이니 낮은 금리로 채권을 발행해도 채권을 매입하겠다는 사람이 나타나기 때문이다. 반대로 자금을 구하기 어려우면 채권 금리는 올라간다. 시중에 돈이 별로 없는 상황이니 높은 금리로 채권을 발행해야 겨우 채권을 매입하겠다는 사람을 구할 수 있는 것이다.

두 번째로 돈을 빌려줬을 때 떼일 가능성이 얼마나 되느냐에 영향을 받는다. 채권에 투자해 떼일 위험이 커지면 투자자들은 위험에 걸맞게 높은 금리를 요구한다. 금리가 올라간다. 반대로 떼일 위험이 줄어들면 낮은 금리만 줘도 채권을 매입하도록 만들 수 있다. 금리가 내려간다.

떼일 가능성에 영향을 미치는 요소는 발행 주체의 신용도, 경제 상황, 채권의 성격 등이 있다. 발행 주체의 신용도가 높고 경제 상황이 전반적으로 괜찮으면 떼일 확률이 내려가니 금리가 낮아진다. 또한 담보가 있으면서 앞선 상환 순위가 보장된 채권일수록 금리가 내려간다. 반대로 발행 주체 신용도가 낮고, 경제 상황이 좋지 않으면서, 담보도 없고 상환 순위가 늦을수록 채권 금리는 올라간다.

이런 여러 변수들을 반영해 수많은 채권 중에서도 국고채의 금리가 가장 낮게 된다. 국가는 파산 위험이 거의 없다. 떼일 가능성이 제로에 가까운 가장 안전한 채권이다. 그래서 매우 낮은 금리만 줘도 충분히 사겠다는 사람을 구할 수 있다. 국고채 중에서는 미국, 독일 같은 선진국일수록 금리가 낮아진다. 아무리 글로벌 우량 기업이더라도 미국이나 독일의 국고채보다 낮은 금리로 채권을 발행하는 것은 거의 불가능하다.

요즘 금리 쉬운 경제

/ 연도별 국고채 3년물 평균 금리 추이

구분	2009	2010	2011	2012	2013	2014	2015	2016	2017	2018
증가율	4,040	3,720	3,620	3,130	2,790	2,589	1,794	1,442	1,801	2,099

자료: 한국은행

경제가 위기에 빠지면 국고채와 회사채 또는 국고채와 금융채와의 금리 격차는 더욱 크게 벌어지게 된다. 아무리 큰 경제 위기더라도 국가가 파산하는 사태는 잘 벌어지지 않는다. 반면 기업과 금융 회사의 파산 위험은 매우 커지게 된다. 1997년 외환 위기만 보더라도 우리나라 국가는 IMF 구제 금융을 받아 파산 지경은 면했지만 기업은 수없이 문을 닫았다.

이에 투자자들은 경제 위기가 터지면 회사채와 금융채 발행자들에게 위험이 커진 만큼 매우 높은 이자를 요구하게 된다. 회사채와 금융채 금리가 높게 치솟는 것이다. 물론 국고채 금리도 오르기는 하지만, 회사채와 금융채가 훨씬 더 높게 오른다. 기업에 대한 신뢰가 더욱 떨어지는 반면, 부도 위험이 상대적으로 낮은 안전 자산에 대한 선호도가 커지면서 회사채보다는 국고채를 보유하려 하기 때문이다.

이런 상황에서 회사채를 발행하기 위해서는 예전보다 훨씬 높은 금리를 줘야 하고 이에 따라 회사채 금리는 무척 높아진다. 반면 국고채 금리는 그렇게 크게 높아지지는 않는다. 채권들 사이의 금리 격차를

/ 외환 위기 전후 금리 변화

연도	1997	1998	1999
회사채 AA1 3년물 금리(가)	13.39	15.1	8.86
국고채 3년물 금리(나)	12.26	12.94	7.69
(가) - (나)	1.13	2.16	1.17

자료: 한국은행

'스프레드(spread)'라고 하는데, 위기 때면 국고채와 다른 채권 사이의 스프레드가 매우 커지게 된다. 그래서 회사채와 국고채 금리의 차이는 위기를 판별할 수 있는 중요한 지표로 활용된다. 회사채와 국고채 사이 스프레드가 커지는 것을 보고 위기 가능성이 커지고 있다고 판단하는 식이다.

일반적인 경제 위기가 아닌 재정 위기 시에는 반대 현상이 벌어진다. 2010년의 헝가리 채권 시장이 대표적이다. 당시 헝가리 정부는 엄청난 재정 적자로 국제 사회로부터 국가가 파산할 수 있다는 의심을 받았다. 이에 아무도 헝가리 국고채를 사려 하지 않으면서, 헝가리 국고채 금리는 매우 높은 수준으로 치솟았다.

반면 재정 위기와 큰 상관이 없는 헝가리 기업들의 채권 금리는 그렇게 높게 뛰지 않았다. 결국 헝가리 정부 채권과 헝가리 회사채의 금리 격차는 매우 좁혀지고 말았다. 이처럼 재정 위기가 발생하면 국고채 금리는 크게 오르는 반면 회사채 금리 상승폭은 이에 미치지 못하면서 회사채와 국고채 금리의 스프레드는 좁혀진다.

이 밖에 북한 핵 문제와 같은 돌발 사태도 영향을 미친다. 경제 위험도를 높여 금리가 올라가게 하는 것이다.

일시에 각국 국채의 만기가 집중될 때가 있다. 국채는 보통 만기가 돌아오면 새로 국채를 찍어서 들어오는 돈으로 상환하는 식으로 유지된다. 이때 새로 국채를 발행하는 데 실패하는 나라가 나타날 경우가 있다. 건전성 위기를 겪는 나라들이 그렇다. 발행에 성공하더라도 매우 높은 금리 조건으로 겨우 발행하는 경우도 있다. 이렇게 되면 해당국은 심각한 위기를 맞을 수 있다. 빚을 못 갚거나 갚는 데 어려움이 생긴 것이기 때문이다.

이럴 때 미국 등 안전하다고 평가받는 나라들의 채권금리는 급락한다. 불안한 나라 대신 안전한 나라의 채권에 수요가 몰리면서 매우 낮은 금리로도 채권을 발행할 수 있어서다. 이 같은 채권금리 양극화가 나타나면 세계 경기 침체의 전조로 볼 수 있다. 흔히 '국채 스프레드'라고 표현하는데, 국가 간 금리 차이를 뜻한다. 예를 들어 이탈리아 국채의 독일 국채와의 스프레드가 많이 벌어졌다고 한다면 이탈리아 국채 금리가 독일 국채 금리보다 훨씬 높아졌다는 뜻이다. 이탈리아 경제가 위기 상황에 빠졌다고 평가할 수 있다.

장단기 스프레드로 읽는 경기

　채권의 만기도 금리에 영향을 미친다. 보통 만기가 짧을수록 채권 금리가 낮아진다. 불확실성이 덜하기 때문이다. 반면 만기가 길어질수록 불확실성도 커지면서 금리가 올라가게 된다. 1년짜리 정기 예금보다 3년짜리 정기 예금 금리가 더 높은 상황으로 이해하면 된다.

　더 쉽게 생각해보자. 친구한테는 하루만 돈을 꿔주면 내일 바로 받을 수 있으니 이자를 적게 받아도 된다. 아니면 이자 없이 빌려줄 수도 있다. 하지만 친구가 3년 뒤 갚겠다고 한다면 그 사이에 어떤 일이 생길지 모른다. 이 같은 위험에도 돈을 빌려주기 위해서는 많은 이자를 받아야 한다. 돈을 떼일 위험뿐 아니라 장기로 돈을 빌려줌에 따라 그 사이 자금을 운용해 수익을 낼 기회를 상실한다는 것도 감안해야 한다.

　결국 만기가 긴 장기 채권과 만기가 짧은 단기 채권은 일정 수준 금리 차이가 발생하게 되고, 이런 장기 채권 금리와 단기 채권 금리의 차이를 '장단기 스프레드'라고 한다. 장기 채권과 단기 채권 사이 금리를 비교할 때는 성격은 같지만 만기만 다른 채권으로 한다. 국고채 10년물과 국고채 1년물을 비교하거나, 삼성전자 5년물과 삼성전자 1년물을 비교하는 식이다.

　장단기 스프레드는 경기를 해석하는 데 큰 의미를 갖는다. 앞으로 경기가 악화될 것으로 예상된다고 치자. 경기가 악화되면 자금을 구

요즘 금리 쉬운 경제

/ 2019년 들어 급격히 좁혀지고 있는 장단기 스프레드

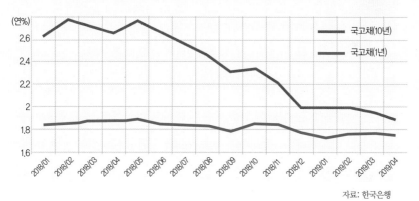

자료: 한국은행

하려는 수요가 줄어들게 된다. 돈을 빌려 투자하는 사람이 줄어들기 때문이다. 이에 지금보다 경기가 악화된 미래에는 시장 금리가 지금보다 떨어져 있을 것이라고 예상할 수 있다. 이는 장기로 돈을 빌릴 경우 갚을 시점에 이르면 현재보다 낮은 이자율을 줘도 된다는 예측이기도 하다. 이 같은 예상은 지금 바로 장기 채권 금리에 영향을 미쳐 장기 채권 금리를 떨어뜨리게 된다.

한편 단기 채권은 짧은 시간 내 상환하는 채권이므로 경기 악화 예상을 덜 받는다. 그렇기 때문에 별로 금리가 떨어지지 않는다. 결국 경기 악화가 예상되면 장기 채권 금리가 단기 채권 금리보다 많이 떨어지게 된다. 그러면 장단기 금리 차이, 즉 장단기 스프레드가 좁아진다. 특히 매우 오랜 경기 침체가 예상될 때는 장기 채권 금리가 매우 큰 폭으로 떨어지면서 단기 채권 금리보다 낮아지기도 한다. 이를 '장단기 스프레드의 역전'이라 한다. 결국 장단기 스프레드가 좁아져 심지어 역전까지 될 때는 앞으로 경기가 악화될 것이라고 예상해볼 수 있다. 연구 결과에 따르면 미국에서는 1960년 이후 2001년까지 장기 금리가 단기 금리보다 낮은 장단기 스프레드의 역전 현상이 1개월 이상 지속된 경우가 10여 차례 발생했는데 대체로 1년 이내에 경기 침체가 수반됐다.

그렇지만 경기 악화를 넘어 경제 위기 상황에서는 얘기가 달라진다. 경제 위기가 발생하면 돈을 떼일 위험이 최대치에 이르게 된다. 따라서 누구도 돈을 빌려주려고 하지 않는다. 특히 오랜 기간 돈을 빌려주는 것을 무척 꺼려하게 된다. 그런데도 장기로 돈을 빌리려면 무척 높은 이자를 줘야 한다. 반면 짧은 기간만 돈을 빌리려면 상대적으로 낮은 이자를 줘도 된다. 결국 경제 위기가 오면 단기 채권 금리는 다소 오르는 반면 장기 채권 금리는 급등하면서 장단기 스프레드가 커지게 된다.

이런 극단적인 상황이 아니라 일반적인 경제 상황에서 장기 금리가 단기 금리보다 크게 올라 장단기 스프레드가 커질 경우엔 경기가 좋아질 것으로 내다본다. 앞으로 경기가 좋아지면 자금을 구하려는 수요도 늘어나게 된다. 그에 따라 경기가 좋아진 미래에는 시장 금리가 지금보다 올라 있을 거라고 예상할 수 있다. 이를 반영해 장기 금리는 크게 오른다. 반면 단기 금리는 영향을 덜 받아 덜 오르고 장단기 스프레드가 벌어지게 된다.

이처럼 장단기 스프레드로 경기를 읽을 때는 전반적인 경제 상황을 함께 고려해줘야 한다.

평생 한 번은 하게 되는 채권 재테크

채권은 나와는 상관없는 먼 이야기인 것 같지만 경제 활동 과정에서 흔히 접하게 된다. 채권 투자에 관해 설명하고 넘어가자.

채권 직접 투자와 채권 펀드

채권은 신용도 등 조건에 따라 발행 주체가 파산을 하지 않는다면 대체로 은행 예금보다 높은 수익을 얻을 수 있다. 이에 최근 들어 채권에 투자하는 사람들이 늘고 있다. 채권에 투자하기 위해서는 증권사 등 금융 회사를 거쳐야 한다.

발행 주체 신용도를 제대로 평가하기 어려워 직접 투자하기 곤란하다면 자산운용사들이 판매하는 '채권형 펀드'에 투자하면 된다. 전문가들이 각종 채권에 투자해 수익을 돌려준다.

MMF, MMDA, CMA 같은 수시 입출식 펀드도 있다. 단기 채권 등 만기가 짧은 금융 상품에 투자해 수익을 돌려주는 상품이다. 하루만 예치해도 이자를 받을 수 있고 언제든지 인출이 가능해 비상금을 관리하기에 용이하다. 만기까지 보유하지 않고 중간에 해약하면 금리에 큰 손해를 봐야 하는 정기 예금과, 금리가 연 0.1~0.2%선에 그치는 수시 입출식 예금의 단점을 적절히 완화한 상품이라고 생각하면 된다.

이 밖에 만기가 긴 채권에 투자해 수익을 내서 돌려주는 펀드도 있다. 증권사나 은행에서 가입할 수 있다.

채권 가치와 물가연동채 ⟲↗

내가 지금 갖고 있는 채권의 가치는 어떻게 봐야 할까? 시장 금리 변화에 큰 영향을 받는다.

예를 들어 연 3% 금리를 주는 삼성전자 3년물 회사채를 갖고 있다고 치자. 3년 동안 연간 3%씩 이자를 지급하는 채권이다. 그런데 이런 채권을 들고 있는 상황에서 갑자기 시장 금리가 크게 뛰었다. 내가 어떤 예금에 가입하자마자 갑자기 다른 예금 금리가 크게 오르는 상황과 비슷하다. 이렇게 되면 내가 들고 있는 삼성전자 채권의 가치는 상대적으로 떨어지는 셈이다. 금리가 오른 후 좀 더 늦게 다른 채권을 샀더라면 보다 많은 이자를 받을 수 있었을 텐데, 미리 채권을 사둔 바람에 3%의 적은 이자밖에 받지 못하게 되는 상황이기 때문이다.

이런 상황을 보전해주는 채권이 있다. 시장 금리가 올라가면 해당 채권의 금리를 높여주고, 금리가 내려가면 해당 채권의 금리를 내려주는 채권이다. '물가연동채'가 대표적이다. 물가는 금리와 밀접한 관계를 갖는데, 물가가 크게 오르면서 시장 금리도 오를 때는 채권 금리를 올려주고 물가 상승률이 낮아 시장 금리가 내려갈 때는 채권 금리를 낮춰주는 채권이다. 가입 기간 동안 수시로 금리를 조절해주는 예금 상품을 연상하면 된다.

나도 몰래 사게 되는 채권 ◯⌒↗

나는 한 번도 채권을 산 적이 없고 살 일도 없다고 생각할 수 있지만, 아무리 싫어도 사게 되는 채권이 있다. 주택 구매 과정에서 의무적으로 매입해야 하는 국민주택 채권, 자동차 구입 과정에서 의무적으로 사야 하는 도시철도 채권과 지역개발 채권이 대표적이다. 그래서 평생에 한 번은 채권을 사게 된다. 그런데 이 채권의 존재에 대해 아는 사람은 별로 없다. 주택이나 자동차 구입 과정에서 중개상을 통해 자동으로 '할인'하기 때문이다. 이게 무슨 말일까?

국민주택 채권 등은 정부가 국책 사업을 위해 집이나 차를 사는 사람들에게 의무적으로 구입케 하는 채권이다. 정부는 이를 팔아 얻은 재원으로 관련 사업을 벌이다. 그런데 성격이 세금 징수와 비슷해서 채권 금리가 매우 낮다. 예금 금리가 연 3%인데 이 채권들의 금리는 연 1%만 주는 식이다. 그 금리 차이만큼 우리가 정부에 세금을 내는 셈이고, 그러면 정부가 공익 사업을 벌일 재원이 확보된다.

이처럼 금리가 낮은 채권을 계속 보유하는 것은 손해다. 같은 돈으로 예금에 가입하면 보다 높은 수익을 낼 수 있는데 굳이 해당 채권을 들고 있을 필요가 없는 것이다. 또한 집이나 차를 살 때는 목돈이 필요하다. 그런데 추가로 목돈을 들여 채권을 매입해야 한다니 그 자체가 부담이 된다. 그런 이유로 대개는 이 채권들을 사자마자 바로 시장에 팔게 된다. 이를 '할인'이라고 한다.

할인 과정에서는 다소간의 부담이 생긴다. 예를 들어 서울 강남에 집을 사면서 1,000만 원어치 국민주택 채권을 사게 됐다고 치자. 현재 예금 금리는 연 3%인데 이 채권의 금리는 연 1%다. 만기는 10년이나 된다. 이는 곧 예금 금리가 현 상태대로 유지된다면 10년간 매년 2% 포인트의 금리를 손해 봐야 한다는 뜻이다. 그래서 시장에 내다 팔기로 했다.

그런데 정가로는 아무도 이 채권을 사지 않는다. 다른 곳에 투자하면 이보다 높은 수익을 얻을 수 있는 상황에서 구태여 이 채권을 살 필요가 없기 때문이다. 따라서 이 채권을 팔기 위해서는 1,000만 원보다 낮은 가격에 팔아야 한다. 그래야 낮은 금리를 감수하고 누군가 사도록 만들 수 있다. 이를테면 900만 원에 파는 식이다. 이와 같은 매입 가격인 1,000만 원과 900만 원의 차이를 '할인액'이라고 한다. 채권을 매입 후 바로 파는 과정에서 우리에게 발생하는 손해 금액이다. 할인액은 채권 금리가 낮고 만기가 길수록 커진다. 보다 많이, 오래 발생하는 손해를 가격으로 벌충해줘야 하기 때문이다.

채권 할인은 법무사 등 중개상들이 대행해준다. 이에 스스로 채권 거래를 했는지조차 모르는 경우가 많다. 집이나 차를 사는 과정에서 세금을 냈다고 생각하는 것이다. 그런데 이때 중개상들이 속이는 경우가 나온다. 실제 할인액보다 많은 돈을 받아내 차익을 챙기는 것이다. 그래서 가능하다면 다소 귀찮더라도 은행이나 증권사 창구를 찾아가 직접 거래하는 것이 좋다. 창구에서 채권 할인을 신청하면 채권을 사는 것과 동시에 파는 과정을 한 번에 해결할 수 있다. 창구에는 할인액만 내면 된다. 이 과정이 번거롭다면 중개상을 통해 할인이 제대로 됐는지 그 내역을 꼼꼼히 점검해봐야 한다.

간혹 투자 목적으로 채권을 할인하지 않고 계속 보유하는 경우도 있다. 이는 집이나 자동차 구매금 외에 추가로 목돈이 있을 때 가능한 방법으로, 유효하려면 시장 금리가 계속 떨어져야 한다. 예를 들어 현재 예금 금리가 연 3%인데 국민주택 채권 금리가 연 2%라고 해보자. 당연히 현재 시점에서 계속 보유하는 것은 손해다. 그런데 앞으로 시장 금리가 하락하면서 조만간 예금 금리가 연 2% 밑으로 떨어질 것이라고 예상된다면, 오히려 국민주택 채권을 계속 들고 있는 것이 나을 수 있다. 이후 만기까지 보유하다가 정부로부터 원리금을 받을 수도 있고, 시장 금리가 바닥까지 떨어졌을 때 은행 창구에서 팔면 시세 차익을 누릴 수 있다.

하지만 이 같은 경우는 거의 없다. 통상 국민주택 채권 금리는 극히 낮은 수준에서 결정되기 때문이다. 그렇기 때문에 할인하는 것이 대체로 낮고 할인 과정에서 중개상을 통해 손해를 보지 않도록 꼼꼼히 과정을 체크하는 게 바람직하다.

채권과 다른 듯
비슷한 어음

이번에는 얼핏 보면 채권과 비슷하지만 개념이 조금 다른 '어음'에 대해 알아보자.

어음을 할인한다는 게 무슨 말

어음은 기업의 자금 지급 용도로 개발됐다. A기업이 B기업에 부품을 공급한 상황에서 B기업이 당장 현금을 주지 않고 3개월 후 대금을 지급하겠다는 증서를 발행해 주는 식이다. 이때 증서가 어음이다. 어음은 실질적으로 '대출'이다. A기업이 B기업으로부터 당장 받아야 할 돈을 3개월 후에 받으면서 결과적으로 A기업이 B기업에 3개월 동안

요즘 금리 쉬운 경제

/ 어음 발급량 변동 추이

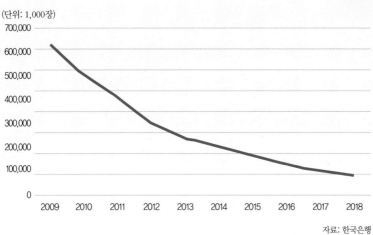

(단위: 1,000장)

자료: 한국은행

해당 금액을 대출해준 셈이 되는 것이다.

그런데 A기업이 당장 돈이 급하다고 치자. 그러면 은행에 가면 된다. 은행은 어음을 담보로 돈을 내어준다. 이때 일종의 선이자를 뗀다. 100만 원짜리 어음을 받고 97만 원만 주는 식이다. 3개월 후 B기업이 은행에 100만 원을 갚으면 거래는 종료된다. A기업의 입장에서 3개월을 기다려 100만 원을 받는 것보다 3만 원 손해다. 그렇다고는 하나 은행도 땅 파서 장사하는 게 아니니 대가로 3만 원 떼어가는 게 당연하다. 이렇게 A기업 입장에서는 어음 금액보다 적은 금액을 받게 되므로 어음을 주고 은행에서 돈을 융통하는 것을 '어음 할인'이라고 부른다. 떼어가는 돈과 원금의 비율은 '어음 할인율'이라고 한다.

이 사례에서는 3%(3만 원/100만 원)다. 대출 이자율과 같은 역할을 한다. 은행이 돈을 융통해준 대가로 가져간 것이니까.

어음 사용은 계속 줄어드는 추세다. 어음은 주로 대기업이 중소기업에 발행하는데, 바로 대금을 주지 않는 행위가 중소기업에 어려움을 준다는 사회적 비판이 일면서 현금으로 결제해주는 대기업이 늘고 있다. 특히 어음은 '부도' 위험이 상존한다. 3개월 후 결제를 약속받고 어음을 받았다가 그 사이에 기업이 파산해 대금을 못 받는 경우가 생긴다. 이런 일을 염려해 어음을 받지 않으려는 기업이 많다. 여기서 '부도'는 어음, 채권, 수표 등 발행 주체가 파산하면서 권면에 쓰인 금액을 상환 받지 못하는 상황을 의미한다. 파산한 기업의 남은 재산을 팔아 일부를 상환 받을 수 있지만 가능성은 높지 않다.

어음과 기업 어음 ⟨◯◝

CP(Commercial Paper), 즉 '기업 어음'이라는 것을 알아두면 좋다. 일반적으로 어음은 물품 거래 때 대금 지급 용도로 발행되는데, 순수하게 자금 조달 목적으로 발행되는 게 기업 어음이다. 거래 대금 지급 용도로 발행되는 보통의 어음을 기업 어음과 구분하기 위해 통상적인 어음을 '진성 어음'으로 구분해 부르기도 한다.

기업 어음의 기본 개념은 회사채와 비슷하다. 기업 어음을 발행해

/ 어음 부도율 변동 추이

(단위: 연%)

연도	부도율
2011	0.02
2015	0.03
2018	0.4

자료: 한국은행

서 누군가 매입하면, 해당하는 대금이 발행 주체에게 들어가고 만기에 발행 주체가 매입자에게 원리금을 갚아주는 것이다. 다만 기업 어음은 회사채보다 만기가 짧다. 또한 회사채는 장기로 거액의 자금을 조달하기 위해 발행되는 경우가 많고, 기업 어음은 단기로 소액의 자금을 조달하는 목적으로 발행되는 경우가 많다는 차이가 있다.

CP는 보통 담보 없이 발행되지만 담보가 있는 경우도 있다. 이를 'ABCP(Asset Backed CP)'라고 한다. ABCP가 부도나서, 즉 발행 주체가 파산해서 만기에 돈을 못 갚게 되면 돈을 못 받는 대신 담보로 잡힌 자산을 가져올 수 있다. 부동산을 담보로 한 ABCP를 매입한 경우라면 담보로 잡힌 부동산을 갖는 식이다.

채권 부도 때
본전 건지는 방법

국가가 발행하는 채권의 금리는 국가 경제의 건전성을 나타낸다.
금리 변화를 통해 경제 상황을 가늠할 수 있다. 채권 부도 가능성을
나타내는 지표부터 설명해보자.

위기 때 올라가는 CDS 프리미엄

돈을 빌려주거나 채권을 살 때 가장 염려되는 것이 채권을 발행한
(돈을 빌려간) 국가, 기업, 금융 회사가 파산하는 일이다. 그러면 빌려
준 돈을 떼이거나 채권을 상환 받지 못한다. 금융 시장은 이에 대한
안전장치를 만들어놓았다. 바로 'CDS(Credit Default Swap, 신용 부도

요즘 금리 쉬운 경제

스와프)'다.

CDS는 보험과 비슷하다. 예를 들어 A가 헝가리 국영 기업의 5년물 회사채를 매입했다고 치자. 그런데 사놓고 보니 무척 불안하다. 최근 헝가리 경제 상황이 불안해서 국영 기업이 언제 망할지 모르겠다는 것이다. 이때 B가 A를 찾아와 A가 산 채권이 부도나면 자신이 대신 물어줄 테니 수수료를 달라고 제의했다고 하자. A는 B에게 수수료를 내고 B로부터 헝가리 국영 기업 채권 부도 시 상환을 약속받는 것이다. 이런 거래가 CDS다. 이때 오가는 수수료를 'CDS 프리미엄(CDS premium)'이라고 한다. 이자율이 돈을 빌려주고 받는 대가라면, CDS 프리미엄은 대신 갚아주는 약속을 해주고 받는 대가인 셈이다.

현재 전세계에서 거래되고 있는 상당수의 채권에 CDS 계약이 체결돼 있다. 주로 공격적인 성향의 금융 회사들이 CDS 계약을 맺어준다. 채권이 부도나 대신 상환해줘야 하면 큰 손실을 봐야 하지만, 그렇지 않으면 수수료 수입을 얻을 수 있기 때문이다. 이 같은 CDS가 개발되면서 세계 금융 시장은 큰 부흥을 맞게 됐다. 채권이 부도나도 상환받을 수 있는 길이 열리면서 채권 거래가 급증했다. 그러면서 신용도가 낮은 기업이나 금융 회사도 채권을 발행해 자금을 조달할 수 있게 됐다.

CDS 프리미엄은 약속의 대상이 되는 차주의 위험도를 반영한다. 헝가리 국영 기업의 회사채는 상대적으로 부도날 위험이 크니 높은 수수료가 설정되고, 미국 정부 국고채는 부도날 위험이 거의 없으니

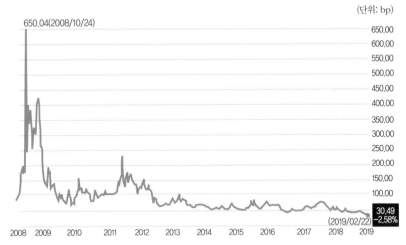

(단위: bp)

650.04(2008/10/24)

650.00
600.00
550.00
500.00
450.00
400.00
350.00
300.00
250.00
200.00
150.00
100.00

30.49
(2019/02/22) −2.58%

2008 2009 2010 2011 2012 2013 2014 2015 2016 2017 2018 2019

자료: 한국은행

미미한 수수료가 설정되는 식이다. CDS 프리미엄은 채권 금리처럼 수시로 움직인다. 차주 신용도가 떨어지거나 돈을 못 갚을 확률이 올라가면 CDS 프리미엄도 올라간다.

우리나라 정부가 해외에서 달러를 조달하기 위해 발행하는 '외국환 평형기금 채권(외평채)'의 CDS 프리미엄이 2008년 금융 위기 기간 급등한 바 있다. 한국에 제2의 외환 위기가 올지 모른다는 우려가 확산된 결과였다.

당시 우리나라 외국환 평형기금 채권을 갖고 있던 외국인 투자가들은 너도나도 CDS 계약을 맺으려 했고, 이 계약을 맺어주는 금융 회사들이 높은 수수료를 요구하면서 CDS 프리미엄이 급등한 것이다. 당시 한국 CDS 프리미엄은 베이시스 포인트(basis point, 1bp = 0.01%) 기준 두 자릿수에 불과하다가, 금융 위기가 절정이던 2008년 10월 27일 699bp(6.99%)까지 치솟은 바 있다. 한국 정부가 발행한 국채 부도 위험을 누군가에 넘기기 위해서는 채권 금액의 6.99%를 수수료로 줘야 한다는 뜻이다. 이처럼 CDS 프리미엄이 높아지면 해당 채권, 나아가 채권을 발행한 측의 신용도가 매우 낮아지면서 부도날 위험이 커졌다고 해석할 수 있다.

CDS 프리미엄이 계속 높으면 이것 자체가 부도 위험이 높다는 것으로 해석됨에 따라 신규로 자금을 조달하기 어렵게 되고, 조달하더라도 높은 금리로 조달해야 하기 때문에 위기로 이어질 가능성이 있다. 그래서 CDS 프리미엄이 갑자기 급증하면 주의해야 한다.

현재 우리나라 외평채의 CDS 프리미엄은 1% 이하로 낮은 수준을 유지하고 있다. 채권액의 1%(100bp) 이하 매우 낮은 수수료로 부도 위험을 남에게 넘길 수 있는 것이다. 비록 경기는 좋지 않지만, 외환 보유액과 같은 경제 펀더멘털(fundamental)은 우수한 편이라 위기를 겪을 가능성은 낮다는 평가를 받고 있다. 그러나 글로벌 경제 상황이 안 좋아지면 한국의 CDS 프리미엄은 언제든 다시 급등할 수 있다. 경제 개방도가 커서 바로 충격을 받기 때문이다. 한 순간도 마음을 놓을 수 없는 게 경제인 것이다.

국가 신용등급 반영하는 외평채 가산 금리 📈

외평채 금리에 대해 좀 더 알아보도록 하자. 통상적으로 외평채 금리는 '리보(LIBOR, London Inter-Bank Offered Rate)'를 기준으로 결정된다. 리보란 영국 런던에 있는 국제 은행들이 서로 단기 대규모 자금을 거래할 때 적용하는 금리를 말한다. 과거 영국이 세계 금융의 중심을 차지하고 있을 때 관습이 아직 남아 있어 리보가 세계 금리의 표준으로 통용되고 있다. 여기에 가산 금리가 덧붙여져 각 나라 외평채의 금리가 결정된다. 예를 들어 우리나라 외평채 금리를 '리보 + 4%'라고 하면 리보에 4%포인트가 덧붙여진 금리라는 뜻이다.

리보가 3%라면 외평채 금리는 7%가 된다. 가산 금리는 국가마다 다르다. 돈을 갚아줄 충분한 여유가 있는 국가라면 낮은 가산 금리로 발행할 수 있고, 돈을 갚아줄 여유가 없는 국가라면 높은 가산 금리를 줘야 채권을 발행할 수 있다. 경제 상황이 어려워지면 가산 금리도 CDS 프리미엄처럼 올라가게 된다. 우리나라가 발행한 외평채를 외국인이 믿지 못하는 상황이 됐으니 많은 금리를 얹어줘야 하는 것이다.

한국 외평채 가산 금리는 2008년 말 제2의 외환 위기가 닥칠 수 있다는 우려가 확산될 당시 10%포인트에 육박한 적이 있다. 리보에 이 금리를 더해줘야 외평채를 팔 수 있었던 것이다. 이처럼 외평채 가산 금리는 경제 상황에 따라 움직이는 성격이 있어 해당 경제가 얼마나

/ 국내 8개 은행의 평균 대외 차입 가산 금리 추이

(단위: 연%p)

연도	금리
2017	0.68
2018	0.58
2019	0.5

자료: 한국은행

불안한지를 보여주는 지표 중 하나로 사용된다.

우리나라의 가산 금리는 글로벌 위기가 터질 때마다 주요 선진국은 물론 필리핀, 인도네시아, 말레이시아 등 개발도상국보다 높아지는 현상이 벌어지곤 한다. 개도국보다 높은 금리를 줘야 채권을 발행할 수 있는 것이다. 이는 한 번 외환 위기를 겪은 한국 경제를 불신하는 외국인이 아직 많다는 사실을 방증한다.

여기에 우리나라는 시장 개방도가 높고 외국인 투자 금액도 많아서, 위기가 발생하면 개도국보다 달러 유출이 훨씬 빠르고 광범위하게 일어난다. 즉, 개도국보다 달러가 많이 들어와 있는 만큼 경제 위기가 터지면 더 많이 더 빨리 빠져나가 경제 위험성이 커진다. 이에 따라 경제 체력에 비해 지나치게 가산 금리가 높아지곤 한다. 다만 지금은 경제가 전반적으로 안정돼 있어 2018년 6월 현재 가산 금리는 0.5%포인트 수준에 불과하다.

외평채 가산 금리는 국내 은행과 기업들이 해외에서 채권을 발행할 때 지표 금리로 활용된다. 정부가 이 정도 금리로 돈을 빌렸으니 한국 기업과 은행들에게는 어느 정도로 빌려주면 되겠다는 식의 지표 역할을 하는 것이다. 경제 위기가 우려될 때 외평채 가산 금리 중요도가 커진다. 위기가 터지면 외국인들은 당장 외화가 필요한 한국 기업과 은행들에게 어느 정도 금리로 돈을 빌려줘야 할지 감이 잡히지 않는다. 이때 정부가 해외에서 채권을 발행해 지표를 설정해주면 한국은행과 기업들은 이보다 약간 높은 금리로 돈을 빌릴 수 있다.

위기가 터지면 정부는 외환 보유액이 충분해 굳이 추가로 외환을 확보할 필요가 없더라도 해외 채권 발행을 해야 한다. 그래야 지표 금리가 결정되고 이에 준해서 국내 기업과 은행이 외화 차입에 나설 수 있다. 정부가 채권 발행을 하면 외환 사정이 다급하다는 인식을 줄 수 있다는 오해가 발생할까 봐 우려된다면 산업은행이나 수출입은행과 같은 국책 은행들이 이 같은 역할을 대신한다.

이자 없는 금융 거래, 이슬람 채권

우리가 돈을 거래할 때 이자를 주고받는 것은 두말할 것도 없는 상식이다. 그런데 이자가 없는 금융 거래도 있다. 바로 '이슬람 금융'이다. 이슬람교의 경전인 코란은 돈이 오가는 과정에서 이자를 주고받는 행위를 금지하고 있다. 화폐 자체를 증식해 수익 내는 행위를 하지 못하도록 막는 것이다.

그런데 이슬람 세계라고 해서 금융 거래가 없는 것은 아니다. 우회로를 만들어놓았다. 상품을 기반으로 자금을 거래함으로써 이슬람 율법을 교묘히 피해가고 있다.

담보와 투자로 율법 피해가는 이슬람 금융

예컨대 사우디아라비아에 위치한 유통업체에서 돈이 필요해졌다고 치자. 그러면 이 회사는 근처에 있는 은행을 찾을 것이다. 은행은 신용도를 심사해 부동산이나 생산설비 등을 담보로 돈을 내준다. 기본적으로 다른 국가들의 대출 과정과 같다.

그런데 사우디아라비아 은행은 이때 대출이 아닌 투자라는 명칭을 쓴다. 담보로 잡은 물건에 은행이 투자하는 형식을 취하는 것이다. 은행이 서류상으로 해당 담보를 매입하는 것으로도 해석할 수 있다. 그러면서 이 은행은 대출 이자로 받는 돈에 대해 투자 수익이라는 표현을 쓴다. 즉, 은행은 실질적으로 업체에 담보를 잡고 대출을 해준 뒤 이자를 받는 것이지만, 형식상 담보에 투자해 담보 운용 과정의 수익을 받는 것이 된다. 코란은 화폐 자체의 증식만 막을 뿐 외형이 있는 실물거래는 규제하지 않기에 이 같은 형식을 빌리면 율법을 위반하지 않는 셈이다. 원금을 상환할 때는 해당 기업이 은행으로부터 담보를 다시 매입함으로써 돈을 주는 형태를 취한다.

새로 어떤 설비를 구입하기 위해 대출할 때는 은행이 설비를 구매해 기업에 대여하는 형태를 취한다. 이자는 기계 사용료 명목으로 받고 원금 상환은 기업이 은행으로부터 기계를 사가는 형태다. 뭔가 그럴듯하지 않은가?

자금을 빌려줄 때 빌려준 기간에 따라 이자를 받지 않고 수수료를

요즘 금리 쉬운 경제

/ 글로벌 기업 순이익 순위

2018년 기준(단위: 1억 달러)

순위	기업명	소재지	순이익
1	아람코	사우디아라비아	1,111
2	애플	미국	594
3	중국공상은행	중국	452
4	삼성전자	한국	399
5	중국건설은행	중국	388

자료: 블룸버그통신

부과하는 방식으로 율법을 피해가기도 한다. 계약 기간이 3개월이건 1년이건 상관없이 일정 금액의 수수료를 부과함으로써 율법에 부합하는 금융 행위로 포장하기도 한다. 이자는 빌려준 기간이 길수록 늘어나는데, 기간에 상관없이 같은 수수료를 부과하는 것이니 이자가 아니라고 우기는(?) 셈이다.

이와 같은 '형식의 탈'을 쓰면서 이슬람 세계에서도 거의 모든 금융 거래가 이뤄지고 있다. 실물 담보를 붙여 회사채 거래를 하는 식이다. 이슬람 채권인 '수쿠크(sukuk)'도 마찬가지다. 채권을 매입하면 단지 돈을 빌려준 것으로 보는 게 아니라, 채권의 담보가 된 설비나 부동산을 형식상 구매하는 것으로 여긴다. 이후 기업이 담보를 운영하는 과정에서 발생하는 수익의 명목으로 이자를 받고, 채권 원금을 상환 받을 때는 기업이 담보를 다시 사가는 형태를 취한다.

이슬람 채권 국내 도입 가능한가 ◯〰↗

오일 머니(oil money)가 넘쳐나는 중동 국가들이 발행하는 수쿠크 채권은 수익률이 매우 좋은 편이다. 사우디아라비아의 국영 석유 회사 아람코의 채권은 발행할 때마다 수천억 달러의 자금이 몰리곤 한다. 더불어 중동에 진출하는 한국 금융 회사가 늘면서 현지 영업도 크게 주목을 받고 있다.

그런데 이슬람 금융은 국내 금융 감독 체계를 위반할 가능성이 있다. 우리나라 금융당국은 국내 금융 회사가 무리한 영업으로 위험에 처하는 것을 막기 위해 해외 지점의 영업을 일정 범위 내로 규제하고 있다. 원유, 금, 원자재 등 실물에 투자했다가 가격이 급락해 큰 손실을 볼 수 있는 위험을 예방하고자 과도한 실물 투자를 제한하는 식이다. 이런 상황에서 이슬람 금융 상품은 형식상 실물에 투자하는 형태를 취하고 있다. 실질적으로 채권을 매입한 것이지만 형식상 실물을 산 것으로 취급되는 것이다. 그러면 이슬람 금융 투자를 조금만 해도 실물 투자 제한에 걸려 곧 중단해야 하는 상황이 올 수 있다.

이 같은 규제는 국내에 진출하는 중동 금융 회사들도 마찬가지다. 이들이 국내에 지점을 만들고 영업하면 국내 금융 회사와 마찬가지로 국내 금융당국에 의해 실물 투자에 제한을 받는다. 활동이 위축될 수밖에 없다.

이에 대해 금융당국은 실물 투자 제약을 완화하는 방안을 추진한

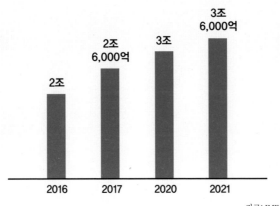

/ 전세계 이슬람 금융 자산 변화

3조
6,000억

3조

2조
6,000억

2조

| 2016 | 2017 | 2020 | 2021 |

자료: IMF

바 있다. 이슬람 금융에 한해 실물 투자 규제를 완화 또는 폐지해주는 것이다. 즉, 이슬람 금융에 투자한 돈은 실물에 투자한 것으로 보지 않고 채권에 투자한 것으로 봐주는 것이다. 이른바 '이슬람 채권'의 도입이다. 그러면 이슬람 금융에 대한 투자를 늘릴 수 있다. 이를 위해 정부는 이슬람 금융 관련 규제와 감독 선진화를 목적으로 설립돼 34개국 178개 기관이 가입한 IFSB(Islamic Financial Services Board, 이슬람금융서비스위원회)와의 협조 체계를 모색하고 있다. 해외에서는 이미 이런 바람이 오래 전에 불었다. 영국, 싱가포르, 일본, 중국 등 비이슬람 국가들이 이슬람 금융을 도입했거나 도입을 추진 중이다. 다만 우리나라의 경우 이슬람 금융에 한해서라도 실물 투자 규제를 완화하는 과정에서 각종 부작용이 발생할 수 있다는 우려가 있어 아직 불투명한 상태다.

거인의 어깨에 올라타 돈을 빌리다, 유로본드

덩치가 크고 재무건전성이 좋은 삼성전자는 낮은 금리로 돈을 빌릴 수 있다. 반면 덩치가 작은데다 재무 상태도 불량한 중소기업은 높은 금리로 돈을 빌려야 한다. 그런데 어느 날 삼성전자와 중소기업이 함께 돈을 빌리기로 약속을 하고 모든 절차는 대리인에게 맡기기로 했다고 치자. 삼성전자와 중소기업이 각자 돈을 빌리지 않고 같은 명의로 함께 돈을 빌리는 것이다. 돈을 빌려주는 사람은 자신의 돈이 삼성과 중소기업 중 어디로 흘러갈지 알 수 없다.

그러면 어떤 일이 벌어질까? 당연히 돈을 빌려주는 쪽은 예전에 삼성전자에 빌려주던 것보다 높은 금리를 받으려고 할 것이다. 자신의 돈 전체가 삼성전자에 갈 것이 확실하면 예전처럼 낮은 금리로 빌려주겠지만, 일부는 중소기업으로 흘러가 언제 떼일지 알 수 없는 상황이 됐으니 그 위험을 보상받기 위해 높은 금리를 받는 것이다. 반면 이 금리는 중소기업 입장에서는 예전보다 낮아진 수준이다. 혼자 빌릴 때와 비교해 삼성과 공동으로 빌리는 상황이니 종전보다 낮은 금리로 돈을 빌릴 수 있는 셈이다.

유럽 재정 위기 때 등장한 유로본드 ⟨♪↗

말이 안 된다고 생각할 수 있지만 이런 일을 실제로 해보자는 논의가 유럽에서 있었다. 유럽 재정 위기가 극심하던 2011년 말에 큰 이슈가 됐던 '유로본드'가 그것이다. 이때의 유로본드는 앞서 언급한 해외 채권 유로본드와 이름만 같고 의미는 전혀 다르니 헷갈리지 말아야 한다.

2011년 말 유럽 재정 위기 해결 가능성이 보이지 않자 유로본드 도입 논의가 활발히 이뤄진 적이 있다. 재정 위기를 겪고 있는 국가들은 무척 높은 금리로 돈을 빌려야 한다. 당시 위기 중심에 있었던 그리스와 포르투갈의 10년 만기 국고채 금리는 각각 연 15.7%와 10.1% 수준에 이르렀다. 이들 정부가 10년 동안 돈을 빌리려면 연간 이 정도 이자를 줘야 했다. 이미 연간 GDP 이상의 빚을 떠안고 있는 그리스 등이 이 같은 금리로 계속 돈을 빌리면 이자가 눈덩이처럼 불어나면서 갚는 것은 사실상 불가능해진다. 이 같은 상황에서 대안으로 제시

요즘 금리 쉬운 경제

2011년 기준

구분	지표
GDP 대비 외채비율	152%
GDP 대비 재정 적자	8.60%
GDP 대비 국가 채무비율	146.40%
경제 성장률	− 4.50%
경상수지	− 321억 달러
국가신용등급(S&P기준)	CC
실업률	16%

자료: IMF

된 것이 유로본드였다.

한마디로 유로화를 사용하는 17개국이 공동으로 돈을 빌리는 것을 의미했다. 이렇게 하면 17개국에 적용되는 이자율이 같아진다. 예전에는 17개국의 신용도가 각기 달라 적용되는 이자율도 모두 달랐는데, 유로존 명의로 유로본드를 발행하면 이자율이 동일해지는 것이다. 이때 이자율은 17개국의 평균적인 신용등급에 따른 중간 이자율로 수렴하게 된다. 신용등급이 낮은 그리스와 같은 불량국 입장에서는 예전보다 훨씬 낮은 금리로 돈을 빌리는 효과가 발생한다.

유로본드의 아이디어를 실현시키기 위해 구체적인 실행 방안까지 나왔다. 유럽차입청 EDA를 신설한 뒤 돈이 필요한 국가가 이곳에 유로본드 발행을 의뢰하면 EDA가 채권을 발행해 유입된 돈을 의뢰한

/ 재정 위기 당시 유럽 각국의 국고채 금리 현황

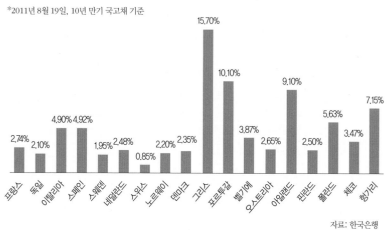

*2011년 8월 19일, 10년 만기 국고채 기준

15.70%

10.10%

9.10%

7.15%

5.63%

4.90% 4.92%

3.87%

3.47%

2.74% 2.10%

1.95% 2.48%

2.20% 2.35%

2.65%

2.50%

0.85%

프랑스 독일 이탈리아 스페인 스웨덴 네덜란드 스위스 노르웨이 덴마크 그리스 포르투갈 벨기에 오스트리아 아일랜드 핀란드 폴란드 체코 헝가리

자료: 한국은행

나라에 보내주는 구조다. 이때 채권을 매입하는 쪽은 당연히 유럽 전
체 신용을 보고 채권을 매입하는 것이 되고, 그리스 등은 다른 나라의
신용도를 발판 삼아 낮은 금리로 돈을 구할 수 있다.

그리고 이 채권의 상환 의무는 EDA를 통해 유로존 국가들이 공동
으로 진다. 그래야 돈을 받지 못할 수 있다는 우려를 줄여 투자자들
이 채권을 매입하도록 만들 수 있다. 유로본드는 현실화될 경우 좋은
투자 대상이 될 수 있다. 〈파이낸셜타임스(Financial Times)〉에 따르면
미국과 일본의 큰손들이 보유하고 있는 각국 국채 규모는 8조 달러
가 넘는다. 그런데 주요 투자 대상이 미국이나 독일 등 일부 국가 채

요즘 금리 쉬운 경제

권에 집중돼 있다. 이에 따라 큰손들은 투자 대상 다변화 욕구를 갖고 있다. 그리스 채권은 불안해 매입이 꺼려지지만 유로본드는 매입할 의사가 있을 수 있는 것이다.

독일이 그리스의 이자를 대신 내주는 셈 ◯〰↗

유로본드가 장기적인 안정성을 갖기 위해서는 유로 가입국들의 경제 상황이 최대한 균일해져야 한다. 그래야 같은 조건으로 돈을 빌리는 것이 오랫동안 용인될 수 있다. 당장 급한 필요를 충당하기 위해 일시적인 발행을 할 수는 있겠지만, 삼성전자와 중소기업이 항구적으로 공동 명의로 돈을 빌릴 수 없듯이 우량국과 불량국이 항구적으로 공동명의로 돈을 빌릴 수는 없다.

결국 지속 가능성을 갖기 위해서는 공동명의로 돈을 빌리는 구성원들의 경제 상황이 최대한 균일해져야 한다. 하지만 유럽 각국의 경제 상황은 차이가 무척 크다. 경제 상황을 균일하게 만드는 것이 매우 어려운 것이다.

경제 상황 중에서도 유럽 각국의 재정 격차 문제가 가장 크다. 그리스의 GDP 대비 국가 채무비율은 2010년 기준 147.3%에 이르는데, 50%에 미치지 못하는 국가들도 많다.

이 같은 상황에 따라 당시 유로본드 반대파들은 "빚이 많아 갚을 여

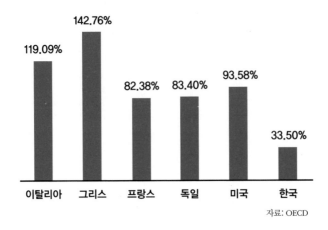

142.76%

119.09%

93.58%

82.38%　83.40%

33.50%

이탈리아　그리스　프랑스　독일　미국　한국

자료: OECD

력이 없는 국가가 추가로 돈을 빌리려면 더 많은 이자를 줘야 하고, 갚을 여력이 있는 국가는 낮은 이자율로 돈을 빌릴 수 있어야 하는 것이 당연한데, 유로본드는 이 같은 차이를 완전히 무시하는 것"이라고 비판했다.

특히 상대적으로 재정이 탄탄한 국가들은 유로본드를 발행하자는 제안이 나오자 일언지하에 거부했다. 당시 앙겔라 메르켈 독일 총리는 "유로존의 부채 위기는 한 번의 큰 정책으로 해결될 수 있는 사안이 아니다"라면서 "유로본드는 지금 이 시기에 우리에게 도움이 되지 않는다"고 단언했다. 사실 유로본드는 불량국들이 우량국의 신용을 등에 업고 돈을 빌리는 것이나 마찬가지다. 이는 곧 우량국들의 신용이 불량국들로 이전되는 것을 의미하고, 우량국의 신뢰 저하를 불러올 수 있다. 이는 우량국들이 기존에 발행해놓은 채권의 가치마저 떨어뜨리는 요인이 될 수 있다.

무엇보다 독일 등은 예전보다 높은 금리로 돈을 빌려야 한다. 그리스 등의 금리가 내려가는 만큼 우량국들의 금리가 올라가는 효과가 발생한다. 이는 어찌 보면 우량국이 불량국의 이자 일부를 대신 내주는 것이나 마찬가지고, 우량국 입장에서는 이자 부담이 올라가 결과적으로 재정 적자가 커지게 된다. 그리스 등이 예전보다 이자를 덜 내고 독일 등이 이자를 더 내는 결과가 유발됐다면, 결과적으로 독일이 그리스의 이자를 대신 내주는 것과 다를 바 없는 것이다. 더욱이 유로본드가 대거 발행되면 시장에 많은 돈이 풀리면서 유로존 전체 물가 상승으로 이어질 것이라는 우려도 있었다.

이에 따라 유로본드를 재정이 탄탄한 국가와 그렇지 못한 국가들로 구분해 별개로 발행하자는 대안이 나오기도 했다. 그리스 포르투갈 이탈리아 등을 묶어 불량국가끼리 발행하면 우량국들은 피해를 입을 일이 없기 때문이다. 그러나 이렇게 되면 개별적으로 빌리는 것과 큰 차이가 없다. 정책 효과가 거의 없는 것이다. 이런 이유로 유럽 재정위기 당시 유로본드는 결국 현실화되지 못했다.

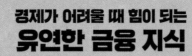
* 채권 직접 투자 방법 *

증권사에 투자 방법을 문의하면 알려준다. 주식을 투자할 때 쓰는 HTS(홈 트레이딩 시스템)에서도 매매가 가능하다. 다만 직접 투자는 거액 단위로 이뤄지므로 개인이 참여하기엔 어려움이 많다. 증권사를 통해 채권형 펀드나 ETF(상장 인덱스 펀드)에 가입하는 것이 좋다. 좀 더 여유가 있는 사람들은 증권사나 은행 PB 센터를 통해 사모 펀드에 참여하는 방식으로 채권에 투자할 수 있다. 다만 사모 펀드는 은행이 우수 고객을 상대로 먼저 정보를 알려주는 경우가 대부분이다.

* 전환 사채를 이용한 편법 상속 *

CB 등은 기업의 편법 상속에 이용될 때도 있다. 전환 가격을 매우 낮게 해 CB를 발행하는 것이 대표적이다. 예컨대 현재 주가가 주당 10만 원인데 6개월 후 채권 1장을 주식 1장으로 바꿔주는 CB를 2,000장 발행해서 이 회사의 2세가 전량 구매했다고 가정해보자. 회사의 2세는 가격으로 1장당 1만 원에 모두 2,000만 원을 지급했다. 그리고 6개월 후 이 회사 2세가 보유한 채권 2,000장은 주식 2,000장으로 바뀌게 된다. 회사 주가에 큰 변화가 없을 경우 가치는 2억 원(2,000장 × 10만 원)이다. 그런데 냈던 돈은 얼마인가? 2,000만 원에 불과하다. 결과적으로 2,000만 원으로 2억 원 어치 주식을 매입하게 된 셈이다. 시장에서 2,000주를 구매하기 위해서는 2억 원이 있어야 하는데 1/10 가격으로 주식을 취득했다. 이런 방식으로 CB를 헐값에 대규모 발행하면 2세는 손쉽게 해당 기업의 지배 지분을 확보할 수 있다. 반면에 기업은 손실이다. 시가대로 주식을 발행하는 것보다 훨씬 적은 대금만 받아야 하기 때문이다. 결과적으로 다른 주주들의 이익을 희생해 2세의 배만 불리는 것이다.

이 같은 일을 막기 위해 금융당국은 CB 전환 가격이 발행 당시 주가와 비교해 현격하게 차이가 나지 않는지 감시한다. 그러나 주가를 제대로 파악하기 어려운 비상장 회사의 경우 전환 가격이 주가와 얼마나 차이가 나는지 제대로 판단하기 어려워 저가 발행이 시시때때로 벌어지고 있는 현실이다.

제7장

금리와
경제 위기

아파도 너무 아픈
고금리의 고통

경제 위기가 발생하면 금리는 예측과 전혀 다르게 움직이게 된다. 위기와 금리의 상관관계에 대해 살펴보기로 하자.

불균형 국가일수록 커지는 고통

일반적으로 경기가 침체되면 금리가 내려가는데, 경제 위기 때는 반대로 금리가 크게 오른다. 위기가 발생하면 기업과 은행들은 돈을 구하기 어려워진다. 서로가 서로를 믿지 못하면서 아무도 돈을 빌려주려고 하지 않기 때문이다. 조금이라도 돈을 빌리기 위해서는 많은 금리를 주는 수밖에 없다. 이런 행위가 모이면서 위기 때는 결국 시장 금리가 급등하게 된다.

　예를 들어 금융 위기 때 상황을 보면 '이자비용과 비교한 이익금'의 평균비율이 2005년 3.0에서 2008년 1.7까지 내려왔다. 2005년에는 기업의 이익이 이자비용보다 평균 3배 정도 많았는데 2008년에는 1.7배에 불과해졌다는 뜻이다. 금리 급등에 따른 이자 부담 증가와 경기 침체에 따른 이익 감소가 겹치면서 수치가 급락하고 말았다. 이렇게 금리가 급등하면 기업과 가계는 이자 부담에 짓눌려 소비와 투자가 위축되면서 실물 위기를 겪게 된다.

　경제가 특정 업종에 지나치게 의존하는 불균형 국가일수록 금리 급등에 큰 충격을 받는다. 영국이 대표적이다. 금융이 발달한 영국은 대출이 상대적으로 쉬워 가계와 기업 모두 많은 부채를 갖고 있다. 2008년 금융 위기 직전 영국은 가계 소득과 비교한 가계 대출 비율이 2007년 대비 177%까지 치솟았다. 독일 100%, 프랑스 66%와 비교하면 월등히 높은 수치다. 비우량 주택 담보 대출 서브프라임 모기지 사태로 어려움을 겪었던 미국(141%)보다 높은 수치였다. 이런 상황에서 금융 위기로 금리가 오르자 이자 부담이 크게 늘었고 이에 따라 빚을 못 갚는 경우가 속출했다. 결국 금융 위기 기간 동안 많은 영국 가계와 기업이 이자 부담을 이기지 못해 파산했다. 전통 유통업체인 울워스(Woolworth), 세계적인 도자기 브랜드 웨지우드(Wedgwood), 홍차로 유명한 휘타드(Whittard) 등 100년 전통의 영국 기업들이 속절없이 무너졌다.

1997년 아픔의 원인은 외화가 아니라 고금리 📊

과거 1997년 외환 위기 때 우리나라 기업들이 금리 급등으로 큰 고통을 겪은 사례도 있다. 많은 기업들이 이자 부담을 못 이겨 파산 지경에 내몰렸는데, 당시는 정책 탓도 있었다.

1997년 외환 위기는 경제 개발 등을 위해 외국에서 빌린 막대한 외화 부채를 갚지 못해 벌어졌다. 다시 말해 국내에 외화가 부족해지면서 일어난 일이었다. 이에 따라 IMF(국제통화기금)에 구제 금융을 요청했는데, IMF는 우리에게 외화를 빌려주면서 엄청난 폭의 금리 인상을 조건으로 제시했다. 높은 금리를 보고 외국에서 자금이 들어와 외환 위기를 해결할 수 있다는 논리였다. IMF는 돈을 빌려주면서 추후 원활하게 회수할 수 있도록 조건을 제시했다. 고금리 정책을 시행하라는 것이었다. 우리 정부는 어쩔 수 없이 조건에 따랐고, 당시 예금이나 대출 등 은행 금리는 연 20%를 훌쩍 넘었다. 요즘에는 상상하기 어려운 고금리였다.

이 처방은 어느 정도 통했다. 고금리를 노려 외국인 자금이 대거 들어오면서 외환 위기가 수그러들었다. 하지만 그 과정에서 많은 기업들이 높은 이자 부담을 이기지 못하고 줄도산을 하는 일이 벌어졌다. 또한 여러 금융 회사들이 빌려준 돈을 받지 못해 문을 닫는 금융 위기로도 이어졌다. 그러면서 경제 주체들은 실직, 파산 등 끝을 알 수 없는 큰 고통을 겪었다. 외환 위기가 엄청난 경제 위기로 번져버린 것이

요즘 금리 쉬운 경제

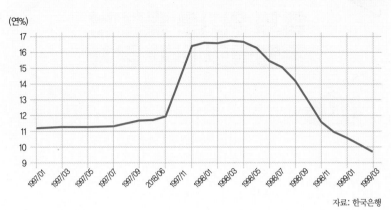

자료: 한국은행

다. 나라의 어려움을 해결하기 위해 온 국민이 고통을 받았다.

당시 IMF의 권고가 옳았는지에 대해서는 지금도 논란거리다. IMF가 보다 좋은 처방을 내렸으면 극심한 침체 없이 위기를 벗어났을 수도 있었다는 아쉬움 때문이다. IMF가 이중 잣대를 들이댔다는 지적도 있다. IMF는 1997년 한국 등 동아시아 국가에 그랬던 것처럼 2009년 글로벌 금융 위기로 큰 타격을 받은 유럽 여러 나라에 구제 금융을 실시했는데, 이때는 고금리 같은 강력한 조건을 제시하지 않았다. 이를 두고 미국과 유럽 선진국 목소리가 큰 IMF가 유럽 나라들에 대해 특혜를 줬다는 비판이 나온 바 있다.

경제 위기로 들통 난
은행들의 이자 장사

위기가 발생하면 이른바 '글로벌 이자 장사'를 하던 은행이 가장 큰 타격을 받는다. 왜 그럴까?

기업들은 수출입 관련해서 늘 외화가 필요하다. 일시적으로 외화가 부족할 때 은행에 외화 대출을 신청한다. 이때 은행들은 외국 은행에서 빌려올 때가 많다. 기업이 외국 은행과 직접 거래하는 게 불편하므로 국내 은행이 대신 외국 은행에서 돈을 빌려와 대출해주는 것이다.

이때 단기와 장기 금리 차이를 이용한 이자 장사를 하는 은행이 많다(앞서 만기가 짧을수록 금리가 낮다고 설명한 내용을 떠올려보자). 외국에서 단기로 돈을 빌려서 기업에 장기로 빌려주는 것이다. 이를테면 만기 1개월짜리 외화를 해외에서 연 1%에 빌린 다음 국내 기업에 12개월간 연 3%에 빌려주는 식이다. 그렇게 하면 2%포인트의 차익이 발생한다.

이 같은 중개가 가능하기 위해서는 1개월 단위로 외채 만기가 돌아올 때마다 다른 외채를 빌려서 갚아나가야 한다. 1월에 A은행에서 연 1%로 돈을 빌렸다가 2월에 B은행에서 연 1%로 돈을 빌려 갚는 것이다. 결과적으로 연 1% 짜리 금리의 대출 주체가 A은행에서 B은행으로 바뀌는 결과가 발생한다. 이를 열두 번 할 수 있다면 1년간 연 1% 금리로 돈을 빌려 연 3%에 빌려주는 것도 가능하다.

외국에서 돈을 빌리기 쉬우면 이런 방식의 영업도 문제가 없다. 실제로 2000년대 중후반 국내 은행들은 이런 중개를 많이 했다. 그러나 2008년 글로벌 금융 위기로 외국 은행에서 돈을 빌리기 어려워지자 문제가 발생했다. 한 달 단위로 돈을 빌려야 하는데 갑자기 못 빌리게 된 것이다. 그러자 마지막으로 돈을 빌린 외국 은행에 돈을 갚지 못하는 일이 발생했다. 이를 피하기 위해서는 기업으로부터 대출을 상환받아 갚아야 했다.

당연히 쉽지 않았다. 1년 쓸 생각으로 빌렸는데 만기가 돌아오지도 않은 상황에서 갚으라니 말이다. 결국 중도 상환은 어려웠고, 당시 국내 은행들은 외화 빚을 처리하는 데 큰 애를 먹었다.

이와 같은 일을 근본적으로 피하기 위해서는 12개월 만기로 빌려주기 위한 자금이라면 12개월 만기로 빌려야 한다. 그래야 빌린 돈과 받을 돈의 만기가 일치해 중간에서 못 갚는 일을 피할 수 있다. 은행들이 이 같은 사실을 모를 리 없다. 그런데도 단기 차입을 해서 장기

/ 금융 위기 직전인 2007년 급증한 국내 시중 은행 단기 외채

(단위: 100만 달러)

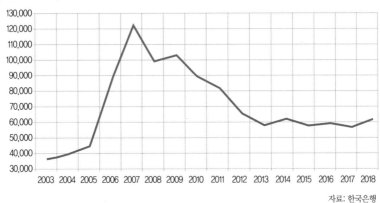

자료: 한국은행

로 빌려주는 일을 계속했던 것은 장단기 금리 차이를 이용한 이자 장사의 유혹이 너무나 컸기 때문이다. 그래서 은행들은 크게 홍역을 치렀으며 지금은 그 같은 일이 많이 줄었다.

요즘 금리 쉬운 경제

이자율을 마이너스로
만든다는 것

위기가 발생하면 정부와 중앙은행은 대개 초저금리 정책을 펴게 된다. 경제 주체들의 이자 부담을 낮춰 위기를 해결할 수 있도록 금리를 크게 낮추는 것이다. 그런데 금리를 아무리 낮춰도 위기 때는 효과가 잘 나타나지 않는다. 중앙은행이 기준 금리를 대폭 낮춰봐야 시장에서의 불안감이 팽배해 있어서 아무도 돈을 빌려주려고 하지 않기 때문에 실제로 돈을 빌릴 때 내야 하는 이자는 매우 높은 수준을 유지한다. 이렇게 되면 빚을 낸 가계와 기업의 이자 부담이 커지면서 어려움이 증폭된다.

이 문제를 해결할 수 있는 방법이 '실질 이자율'을 마이너스로 만드는 것이다. 무슨 말일까? 일본의 사례를 통해 살펴보자.

백약이 무효, 일본의 잃어버린 20년

일본이 장기 침체를 겪은 잃어버린 20년은 부동산 가격 하락에서 촉발됐다. 실물과 금융 불황이 함께 오는 '복합 불황'으로 전개되면서 장기간의 침체를 겪었다.

장기 불황의 가장 큰 원인 중 한 가지는 '물가가 계속 하락할 것'이라는 예상에 있었다. 물가가 계속 내려갈 것이라는 예상이 생기면 경제 주체들은 소비하려고 들지 않는다. 좀 더 기다렸다가 나중에 사는 것이 이익이기 때문이다. 물가가 계속 떨어지기를 기다리면서 소비를 최대한 늦추게 된다. 이에 따라 소비는 극도로 침체되고 그 영향으로 생산 활동도 부진해진다.

투자도 마찬가지로 부진하게 진행된다. 생산 활동이 부진해지는데다 투자를 위해서는 각종 물품 구입이 필요한데, 기업들 역시 물가가 더 떨어지기를 기다린 채 기자재 구매에 나서지 않아 투자를 덜하게 되는 것이다.

이런 이유 때문에 잃어버린 20년 동안 일본 경제 주체들은 소비도 투자도 하지 않은 채 그저 돈을 쥐고 있으려고만 했다. 결국 소비와 투자가 복합 침체되면서 일본 경제는 극도의 불황에 빠지고 말았다. 이처럼 물가 하락은 대처하기 무척 까다로워 경제에 큰 재앙이 될 수 있다. 물가 하락을 마냥 좋아할 수만은 없는 이유다.

이 같은 상황을 타개하기 위해서는 미래 물가가 크게 올라갈 것이

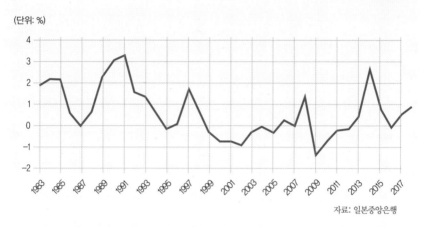

(단위: %)

자료: 일본중앙은행

라는 예상을 경제 주체들에게 심어줘야 한다. 그래야 물가가 더 오르기 전 물건을 사두자는 심리가 생기면서 소비와 투자가 살아난다.

이를 위해 중앙은행은 기준 금리를 극단적으로 낮추게 된다. 또한 시중에 유동성을 큰 폭으로 공급한다. 이렇게 유동성이 넘쳐나면 물가 상승이 유발될 수 있다. 돈이 넘쳐흐르면서 상대적으로 물건의 가치가 올라간다. 넘쳐나는 돈은 소비와 투자의 원천으로 기능하기도 한다. 이를 위해 일본은 장기 불황 동안 제로 금리를 유지했다.

불황 탈출에 주효한 실질 이자율 마이너스 📊

당시 일본 정부는 제로 금리를 통해 '실질 이자율 마이너스'를 목표로 했다. 실질 이자율은 명목 이자율에서 물가 상승률을 뺀 값을 의미한다. 중앙은행이 결정하는 명목 이자율을 가능한 낮추고 물가 상승률을 높이면 물가 상승률이 명목 이자율보다 커지면서 실질 이자율이 마이너스가 되는 게 가능하다.

실질 이자율 계산

실질 이자율 = 명목 이자율 − 물가 상승률

−3% = 0% − 3%(실질 이자율 마이너스 가능)

이는 은행에 예금해 명목 이자율에 따른 이자를 받아봤자 물가 상승으로 인해 돈의 가치가 떨어지는 것을 감안하면 손해라는 의미다. 이 같은 상황이면 기업은 돈을 들고 있기보다 투자에 나서게 된다. 돈을 들고 있으면 손해인데 투자를 통해 설비라도 늘리게 되면 그나마 이익을 기대할 수 있기 때문이다. 소비자들은 소비에 나서게 된다. 예금을 해도 실질적으로 손해를 보는 상황이니 물건이라도 구매해 갖는 것이 낫겠다는 생각이 드는 것이다.

이 같은 행위가 모이면 소비와 투자가 활발해지면서 경기 침체에서 벗어날 수 있다. 실질 이자율이 마이너스를 기록하게 되면 점차 경기가 좋아진다. 이를 위해서는 가급적 물가 상승률이 높은 상황이어야 한다.

진퇴양난에 빠진 불황 시대의 일본

그런데 일본처럼 물가 상승률이 마이너스를 기록할 때는 아무리 노력해도 실질 이자율을 마이너스로 만들기 어렵다. 금리를 낮추는 데 한계가 있기 때문이다. 아무리 금리를 낮춰도 명목 이자율은 '0' 밑으로 내려가기 어렵다. 마이너스로는 명목 이자율을 낮출 수 없는 것이다. 명목 이자율이 마이너스를 기록한다는 것은 우리가 은행에 돈을 맡기면 거꾸로 은행에 보관료 명목으로 이자를 줘야 한다는 뜻이다. 이 같은 일은 불가능하지는 않지만 흔하진 않다. 차라리 집에 현금을 쌓아두고 말 것이다. 결국 명목 이자율을 최대한 낮출 수 있는 지점은 제로 내외다.

이런 상황에서 물가 상승률이 마이너스를 기록하면 명목 이자율이 제로를 기록하더라도 실질 이자율은 플러스를 기록하게 된다. 예를 들어 기준 금리가 제로고, 물가 상승률이 −3%라면 0에서 −3%를 뺀 실질 이자율은 3%가 나온다. 명목 이자율은 '제로'이지만, 돈을 들고 있으면 실질적으로 3%씩 이익을 보는 상황이다.

/ 잃어버린 20년 기간 동안의 일본 경제 성장률 추이

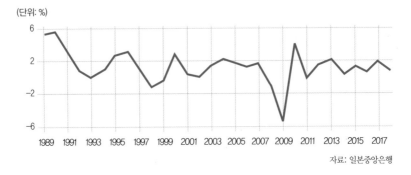

(단위: %)

자료: 일본중앙은행

이익 보는 상황을 쉽게 풀어 설명해보자. 1년 전과 비교해 물가가 3% 내려갔다. 물건의 가격이 3%씩 내려간 셈이다. 즉, 1년 전보다 3% 싸게 살 수 있다. 1년 전에 100만 원 하던 오디오 시스템을 이제 97만 원에 살 수 있다. 1년 전 오디오를 사지 않고 100만 원을 그대로 들고 있다가 지금 샀더니 오디오와 함께 3만 원이 추가로 남은 것이다. 오디오 사는 시점을 1년 늦췄을 뿐인데, 오디오는 그대로 생기면서 추가로 100만 원 중 3만 원, 즉 3%의 이익이 남았다. 물가가 계속 내려가는 상황이니 이런 이익은 기다릴수록 커진다. 늦게 살수록 더 싼 값에 오디오를 사면서 더 많은 현금을 남길 수 있다. 이렇게 물가가 계속 내려가서 실질 이자율이 플러스인 상황이 벌어지면 돈을 갖고만 있어도 자동적으로 매년 이익을 볼 수 있다. 소비를 하지 않는 것이다.

요즘 금리 쉬운 경제

/ 일본 정부 국채 10년물 금리 추이

(단위: 연 %)

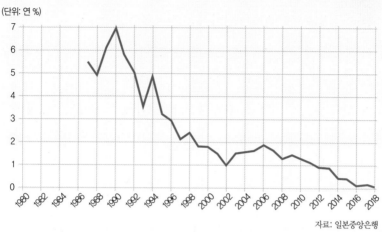

자료: 일본중앙은행

　일본은 오랜 기간 이런 상태에 빠져 있었다. 기준 금리를 극단적으로 낮춰 제로 금리를 유지했지만 물가가 계속 하락하면서 실질 이자율이 플러스를 나타냈다. 이에 따라 일본 경제 주체들은 제로 금리에도 불구하고 돈을 쥔 채 소비와 투자를 하지 않았고, 중앙은행이 제로 금리를 통해 공급한 유동성은 경제 주체들의 수중에 들어가 빠져나오지 않았다. 이처럼 아무리 통화를 공급해도 불안한 경제 주체들이 돈을 보유만 하고 내놓지 않는 상황을 '유동성 함정'이라고 부른다.

　이 같은 상황이 발생하는 것은 결국 경제 주체들의 예상 때문이다. 미래 물가가 계속 올라갈 것으로 예상되면 미리 소비와 투자를 하려는 욕구가 분출되면서 현재 물가 상승이 일어날 수 있다. 반면 미래 물가가 계속 내려갈 것으로 예상되면 정부가 아무리 재정 지출을 통한 확장 정책을 펴더라도 경제 주체들이 계속 소비와 투자를 미루면서 경기 침체가 길어질 수 있다. 이렇게 되면 물건 가격이 계속 떨어지면서 실제 물가 상승률도 마이너스를 기록하게 된다.

일본은 이 같은 상황을 '수출'로 타개하고자 했다. 내수가 극도로 부진하니 해외로 물건을 밀어내려고 한 것이다. 그렇게 하면 생산 수준을 유지할 수 있다. 하지만 여기에는 한계가 있다. 특히 해외 경기가 동반 침체되면 그 효과는 더욱 떨어진다. 이 밖에 정부 지출을 대거 늘리는 방법도 있지만 재정에 한계가 있어 지속적으로 지출을 늘리는 것은 쉽지 않다.

폴 크루그먼의 '비상식적 통화 정책'

결국 물가 하락을 극복하는 키는 내수에 있고 내수를 확장시키기 위해서는 물가 상승에 대한 기대가 생겨나야 한다. 그래야 명목 금리보다 물가 상승률이 높아지면서, 명목 금리에서 물가 상승률을 뺀 실질 이자율이 마이너스를 기록하면서 경기가 되살아날 수 있다. 돈을 갖고 있으면 손해를 보니 소비나 투자에 나서게 되는 것이다.

이를 위해 경제학자 폴 크루그먼은 '비상식적 통화 정책'을 통해 시장과 전쟁을 벌여야 한다고 주장했다. 물가가 오를 때까지 엄청난 양의 유동성을 끝도 없이 공급하는 것을 말한다. 부작용을 전혀 생각하지 않은 채 물가가 오를 때까지 아무 생각 없이 끝까지 돈을 찍어서 공급하겠고 발표하고 실행하는 것이다. 이렇게 되면 경제 주체들은 중앙은행의 강한 의지를 받아들이게 되고 결국 언젠가는 물가가 오를 것으로 생각할 수 있다.

정책 성공을 위해서는 중앙은행이 물가를 계속 올리겠다는 의지를 반드시 시장에 각인시켜야 한다. 그러면 경제 주체들은 물가가 크게 오르기 전 소비와 투자를 해야겠다는 심리를 갖게 되고 실제 소비와 투자가 늘어난다. 다만 이것이 주효하려면 극단적인 위기 상황은 탈출해 있어야 한다. 극단적인 위기 때는 앞으로 어떤 일이 벌어질지 알 수 없어 계속 돈을 쥐려고만 하기 때문이다. 어느 정도 해결 희망은 있어야 비상식적 통화 정책이 유효할 수 있다.

비상식적 통화 정책은 환율 상승이라는 이득도 낳는다. 유동성이 급증하면 외화와 비교한 자국 통화 가치가 떨어질 수밖에 없다. 그에 따라 환율이 상승하는데, 이에 따라 수출 증대라는 이득도 볼 수 있다. 아울러 끝도 없이 공급되는 유동성이 경제 주체 수중에 들어가 부를 형성하게 되면 소비가 증대되는 효과를 이끌어낼 수 있다.

이런 경로들을 통해 비상식적 통화 정책은 불황 극복의 주요 열쇠가 될 수 있다. 그러나 일본은 오랜 기간 비상식적 통화 정책까지 사용하는 건 주저했다. 엄청난 돈을 공급하는 데 부담을 느꼈기 때문이다. 이에 따라 좀처럼 불황 탈출이 어려웠다. 그러다가 아베 정권이 들어선 2010년대가 돼서야 본격적으로 비상식적 통화 정책을 활용했고, 비로소 물가 상승률이 높아지면서 불황의 터널을 빠져나올 수 있었다.

불황에 대처하는 것은 이토록 어렵다. 비슷한 일이 벌어지지 않도록 한시도 긴장의 끈을 놓쳐선 안 된다.

2008년 한국은행은 왜 왕따를 자처했는가

2008년 전세계를 강타한 글로벌 금융 위기는 모든 나라에 대공황급 충격을 안겼다. 미국을 비롯한 각 나라는 위기를 극복하기 위해 일본이 썼던 '비상식적 통화 정책'을 유용하게 활용했는데, 한국은 그 대응이 늦었다. 왜 그랬을까?

양적 완화와 오퍼레이션 트위스트

2008년 많은 나라에서 시행된 비상식적 통화 정책은 '양적 완화'(Quantitative Easing, QE)라는 이름으로 시행됐다. 경기가 살아날 때까지 시중에 막대한 돈을 공급하는 것을 의미한다. 헬리콥터를 띄

/ 금융 위기 이후 두 차례 급등한 미국 통화량 증가율

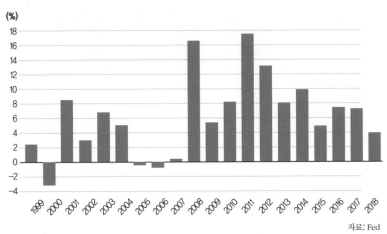

자료: Fed

위 돈을 뿌리는 상황으로 표현하기도 한다. 방식은 이렇다. 정부가 국 채를 찍으면 중앙은행이 돈을 찍어서 그 채권을 매입해준다. 그만큼 의 돈이 정부로 흘러들어가 경기를 회복시키는 데 쓰인다. 정부가 민 간 주체로부터 돈을 빌리는 것이 아니기 때문에 재정 적자를 증대시 키지 않고도 시중에 돈을 공급할 수 있는 방법이다.

미국의 경우 두 차례에 걸친 양적 완화를 통해 2조 8,700억 달러를 시중에 공급했다. 같은 기간 3,000억 파운드 규모로 영국에서도 이뤄 졌다. EU와 일본에서도 시행됐다. 동시 다발적인 양적 완화는 결과 적으로 세계가 금융 위기를 해결하는 데 크게 기여했다.

양적 완화와 함께 '오퍼레이션 트위스트(Operation Twist)'도 알아두면 좋다. 중앙은행이 단기 채권을 팔고 장기 채권을 사들이는 것을 의미한다. 중앙은행이 보유하고 있는 단기 채권을 팔아 마련한 돈으로 장기 채권을 사들이면 경제 전체적으로 장기 채권 수요가 늘어나는 상황이 유발된다. 이는 장기 채권의 금리가 내려가는 상황으로 귀결된다. 중앙은행까지 장기 채권 시장에 가세해 사들이겠다고 하니 기업들이 상대적으로 낮은 금리에 장기 채권을 찍을 수 있는 여유가 생기는 것이다. 이는 장기로 돈을 빌리는 부담을 줄여 경기 확장에 기여한다.

오퍼레이션트위스트는 경제 위기 시 양적 완화의 보조 수단으로 꼽히곤 한다. 미국 Fed는 2011년 말 오퍼레이션트위스트를 실시했다. Fed가 보유하고 있던 4,000억 달러의 만기 3년 미만 국채를 팔아 마련한 돈으로 만기 6~30년의 국채 4,000억 달러어치를 매입한 것이다. 존 F. 케네디 정부 때인 1960년대 초 이후 60년만의 일로, 위기 극복에 나름 기여했다는 평가를 받았다.

금리 조절의 국제 공조

2008년 글로벌 금융 위기가 발생하자 우리나라도 금리를 낮은 수준으로 유지하면서 시중에 유동성을 공급했다. 그런데 그 대응이 늦

/ 금융 위기 때 한국은행 기준 금리 추이

(단위: 연%)

연도	날짜	기준 금리
2009	2월 12일	2.0
2009	1월 9일	2.5
2008	12월 11일	3.0
2008	11월 7일	4.0
2008	10월 27일	4.25
2008	10월 9일	5.0
2008	8월 7일	5.25
2008	8월 6일	5.0

자료: 한국은행

었다. 위기 초반 각국이 금리 인하에 나서고 유동성 공급 계획을 발표하는 동안 한국은 소극적인 태도로 일관했다. 글로벌 공조를 제대로 하지 못한 것이다.

심지어 한국은행은 2008년 8월 물가 상승세가 만만치 않다는 이유로 기준 금리를 기존 연 5.0%에서 5.25%로 0.25% 포인트 인상하기도 했다. 위기를 증폭시킨 리먼브라더스 파산 시점으로부터 불과 한 달 전의 일이었다. 다른 나라들이 금리를 인하하던 것과 비교하면 정반대 행보였다. 위기의 기운이 강하게 돌자 각국 중앙은행은 선제 대응에 나서고 있었는데, 우리의 중앙은행인 한국은행은 거꾸로 물가 상승이 우려된다며 금리를 인상한 것이다.

요즘 금리 쉬운 경제

결국 큰 부작용이 생기고 말았다. 금리 인상에 따라 당시 은행들은 기업 대출을 조였고, 얼마 되지 않아 리먼브라더스 파산 사태가 겹치면서 기업들은 큰 어려움을 겪어야 했다. 이는 한국 경제에 대한 회의로 이어지면서 환율과 시장 금리가 크게 오르는 상황으로 이어졌다.

상황이 그런데도 당시 한국은행은 금리 인하에 계속 소극적으로 대처했다. 물가 상승이 우려된다는 이유로 끝까지 버틴 것이었다. 그러는 동안 위기는 걷잡을 수 없을 만큼 커졌고 우리 경제는 큰 충격을 받고 말았다. 이후 한국은행이 금리 대폭 인하에 나선 시점은 위기가 본격화된 지 2개월이 지난 10월 말이었다. 너무 늦게 움직였다. 이에 따라 충격에서 벗어나는 데 꽤 오랜 시간이 걸렸다. 제대로 된 위기 대응을 위해서는 적절한 사전 조치와 사후 대응이 필요하다.

아파트값 급등도 한국은행 탓?

위기가 어느 정도 진정되면 정부와 기업은 위기 대응 정책을 마무리하고 정상 상태로 돌아갈 준비를 한다. 이 과정에서 재정, 금융, 통화 분야에서 각종 정상화 대책이 나오는데 이를 '출구 전략(Exit Strategy)'이라고 부른다.

출구 전략을 쓰는 이유는 위기 대책이 유발하는 부작용 때문이다. 우선 엄청나게 풀린 돈이 원자재 가격 상승 등 물가 급등으로 이어질 수 있다. 때때로 경제가 감당할 수 없는 수준의 물가 급등이 벌어지기도 한다. 이런 배경에서 유럽발 재정 위기가 심화되고 미국 국가 신용 등급이 강등되자 2012년 미국에서 3차 양적 완화에 대한 논의가 있었지만 실행되지 못했다. 전년도인 2011년 미국 소비자 물가 상승률은 2010년 대비 3.6%를 기록했다. 2008년 10월 이후 가장 높은 수치

요즘 금리 쉬운 경제

였다. 이 시점에 양적 완화를 통해 돈을 풀었으면 물가 문제가 더 심각해졌을 것이다.

위기 대응 대책으로 풀린 유동성이 실물로 돌지 않고 자산 시장에만 몰리면서 부동산 가격만 올려놓는 일도 벌어진다. 이런 상황을 계속 방치하면 경제에 거품이 낄 수 있다. 이후 거품이 꺼지면 경제는 또 다른 위기를 겪게 된다. 위기 대응 대책이 다른 위기를 불러오는 것이다.

이를 예방하는 것이 출구 전략이다. 금리 인상이 대표적이다. 위기 기간 매우 낮은 수준으로 낮췄던 기준 금리를 다시 올려 대출 받기 어렵도록 만듦으로써 유동성을 줄인다. 2009년 말~2010년 초 호주, 이스라엘, 노르웨이 등이 금리 인상에 나선 바 있다. 미국은 2015년부터 본격적인 금리 인상에 나섰다.

재정 측면에서는 위기 기간 정부가 민간 경제에 과도하게 개입했던 노력(재정 지출 확대를 통한 대규모 국책 사업 실시나 기업 구조조정이 대표적)을 축소하는 출구 전략이 시행된다. 정부 개입이 과도해지는 상태가 오래 지속되면 민간 성장 잠재력이 훼손될 수 있기 때문에 출구 전략을 통해 민간 경제의 능력을 복원시켜줄 필요가 있다.

그런데 섣부른 출구 전략은 경제에 큰 충격을 몰고 올 수 있다. 위기가 완전히 진정되지 않은 상황에서 금리를 올리거나 급작스런 유동성 환수 정책을 실시하면 경제의 돈줄이 갑자기 말라붙으면서 큰 충격이 온다. 그나마 낮은 대출 금리 때문에 근근이 버티던 가계와 중소

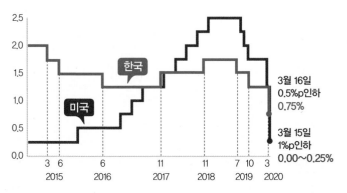

자료: 한국은행·Fed

기업이 갑작스런 금리 인상으로 파산 위기에 내몰리는 것이 대표적
이다. 이 같은 현상이 심화되면 위기 후 경기가 잠시 좋아졌다가 다시
나빠지는 '더블딥(double dip)' 현상이 올 수 있다.

1980년대 미국에서 비슷한 일이 있었다. 1980년대에 Fed의 폴 볼
커 의장은 오일 쇼크가 어느 정도 진정되자 물가를 잡겠다며 기준 금
리를 급격히 인상했다. 당시 미국 경제는 오일 쇼크 영향으로 유가가
급등하면서 경기 침체 외에 물가 상승으로도 고통 받았는데 물가가
우선이라며 금리를 크게 높인 것이다. 그러자 갑자기 경제 주체들의
대출 이자 부담이 크게 늘면서 경제는 큰 충격을 받았고 또 다시 엄청
난 경기 침체가 오고 말았다. 전형적인 더블딥이다.

이와 비슷한 일을 우려해 한국은 호주 등과 달리 장기간 출구 전략을 쓰지 않았다. 오랜 기간 유동성을 계속 풀었다. 그러다가 한국은행은 미국보다 한참 늦은 2017년 말에 가서야 소폭 금리 인상에 나서게 된다. 그러면서 미국보다 금리가 낮아졌다. 정책이 성공적이었는지는 의문이다. 경기는 계속 좋지 않았고, 2017년과 2018년 부동산 가격 급등 현상만 발생했기 때문이다. 오랜 경기 침체를 해결하기 위해 장기간 저금리 정책을 펼치면서 시장에 많은 돈을 공급했다가 그 유동성이 모여 2017년과 2018년 부동산 가격 급등을 유발한 것이다. 이런 일을 막기 위해 한국은행은 최적의 타이밍을 골라내 출구 전략을 집행했어야 했다. 하지만 늦었다. 집값만 크게 오른 것을 보면 말이다.

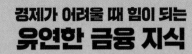

경제가 어려울 때 힘이 되는
유연한 금융 지식

* 고정·변동 금리 대출 선택 *

실제 대출 현장에서 개인이 변동 금리와 고정 금리 대출 중에서 선택을 하려고 하면 어려운 경우가 많다. 창구 직원이 요즘은 이 대출이 가장 유리하니 이걸로 하라고 권하면 그대로 따르는 게 대부분이다.

창구 직원들은 주로 본점이나 금융당국 지침에 따라 움직인다. 당국이 고정 금리 대출 확대를 유도하면 본점 지휘를 받아 고정 금리 대출을 주로 권하는 식이다. 아예 본점 차원에서 변동 금리 대출 조건을 불리하게 만들어 고객들이 자연스럽게 고정 금리 대출을 선택하도록 유도하는 경우도 있다. 고객이 할 수 있는 일이라고는 각종 금융 상품 가입과 연계해 다소나마 금리를 감면 받는 정도에 그친다.

다만 이럴 때도 은행 창구 직원을 상대로 대출상품별 금리 부담 자료를 요구해서 설명을 듣는 게 좋다. 이후 앞으로 금리 수준을 전망해서 신중하게 선택할 필요가 있다.

요즘 금리 쉬운 경제

제8장

삶의
무기가 되는
금리 지식

대부업체가 30일
이자 면제를 해주는 이유

살인적인 대부업 금리는 이용자를 나락으로 떨어뜨린다. 이를 막기 위해 정부는 지속적으로 법정 최고 이자율을 낮추고 있다. 이를 넘는 이자는 불법이고 적발되면 처벌된다.

최고 이자율은 2010년 연 49%에서 현재 24%로 정확히 반토막이 났다. 법정 최고 금리는 앞으로도 계속 내려갈 것으로 보인다. 서민의 삶을 개선시키기 위한 정부의 조치다.

그런데 서민 금융이 크게 개선됐다는 증거는 없다. 왜 그럴까? 다음의 그래프를 보면서 살펴보자.

요즘 금리 쉬운 경제

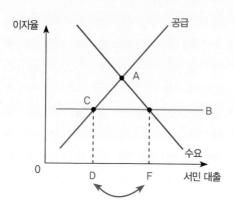

최고 금리와 신용 할당

 일반적인 시장은 수요와 공급이 만나는 A지점에서 공급량과 가격이 결정된다. 그런데 서민 금융 시장에서는 얘기가 다르다. 정부가 이자율 상한을 지정하면서 B와 같은 제한선을 뒀기 때문이다. 이에 서민 금융업체 입장에서 B선이 수요곡선 역할을 한다. 결국 이 선과 공급곡선이 만나는 C지점이 서민 금융 시장의 균형점으로 도출된다. 공급량은 D로 결정된다. 그런데 B선은 공급곡선뿐 아니라 E지점에서 수요곡선과도 만난다. 수요자들은 B선을 공급곡선으로 생각하고 F만큼의 대출을 수요하게 된다. 하지만 공급자는 D까지만 공급을 하고 결국 F-D 만큼의 초과 수요가 발생하게 된다.

이처럼 금융 회사들이 특정 금리 수준에서 수요량 전체를 공급하지 않고 공급곡선상의 지점까지만 대출을 공급하면서 자금 초과 수요가 발생하는 현상을 '금리 규제에 따른 신용 할당'이라고 한다. 서민 금융 회사들은 F의 수요 가운데 D만큼만 대출하는 과정에서 신용 심사를 하게 된다. 이 심사 기준을 통과해야 대출을 받을 수 있다.

대부업계에 따르면 등록 대부업체의 평균 대출 승인율은 20%에도 못 미친다. 5명이 대출을 신청하면 1명만 대출을 받는 것이다. 대출 신청자의 80% 이상이 신용 할당을 통해 대출에서 탈락한다. 대출을 받더라도 원하는 수준보다 적게 받는 경우도 많다.

서민 금융 회사들이 이와 같은 선택을 하는 것은 당연하게도 자사의 이익을 극대화하기 위해서다. 서민 금융 회사들의 공급곡선은 자금 조달비용 및 대출을 떼일 확률을 감안해 만들어진 것이다. 이 선을 벗어나 G지점처럼 대출이 늘면 최초 예상했던 것보다 떼이는 돈이 늘어 이에 따라 이익이 줄어든다. 이에 금융 회사의 자금 공급은 공급선을 절대로 벗어나지 않는다.

이 같은 상황에서 정부가 H처럼 법정 금리를 더 내렸다고 치자. H선과 공급곡선이 만나는 지점은 I점으로 그림에서처럼 대출량이 더 줄어든 것을 알 수 있다. 최고 금리가 내려가면 그만큼 이익이 줄고 이에 따라 떼이는 돈을 벌충할 능력도 작아진다. 따라서 업체들은 대출 공급량을 줄임으로써 떼일 위험도 함께 줄이려고 하게 된다.

이처럼 서민 금융 공급량이 줄면 부작용이 생길 수 있다. 필요한 만큼 대출을 받을 수 없거나 아예 대출을 받지 못하면서 이자가 연 수백 %, 심지어 수천 %에 이르는 불법 사금융 시장을 찾는 것이다.

대부업체들의 광고에 대해 의문이 들 수 있다. 수요가 넘치는데 구태여 돈을 들여 광고할 필요가 있느냐 하는 것이다. 그렇지만 시장에 자신들의 존재를 알리기 위한 광고는 필요하며, 보다 신용도가 우수한 사람을 고객으로 유치하려는 경쟁이기도 하다. 광고를 지속적으로 노출하면서 '30일 이자 면제'와 같은 약간의 혜택을 제공하면 평소 대부업 대출에 관심이 없었던 신용등급이 높은 사람들을 새로운 고객으로 끌어들일 수 있는 것이다. 그러면 떼일 위험은 줄면서 이익은 늘수 있다. 이는 서민 금융 시장의 이용자 계층을 보다 신용등급이 높은 사람으로 대체하는 효과와 신용등급이 낮은 사람을 밀어내는 효과를 내게 된다.

은행들도 하는 신용 할당

신용 할당은 서민 금융 시장뿐 아니라 은행권에서도 이뤄진다. 은행들이 자체적으로 결정하는 금리 수준에서 수요량만큼 대출을 공급하지 않고 이보다 적은 수준의 대출을 해주는 것이다.

이는 경기가 침체될수록 심화된다. 부실 위험에 노출되는 환경을

(단위: 연 %)

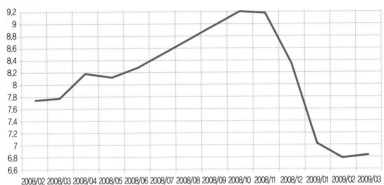

자료: 한국은행

우려해 은행들이 대출 공급을 크게 줄여버리는 것이다. 이럴 때는 한국은행이 기준 금리를 크게 내려도 신용이 매우 우수한 소수의 사람만 그 수혜를 보는 데 그칠 수 있다. 대다수 사람에겐 낮은 이자율이 그림의 떡일 뿐이며, 별도의 가산 금리를 적용받아 고시 금리 이상의 높은 금리를 줄 때만 겨우 조금이라도 대출을 받을 수 있게 된다. 은행이 광고하는 '최저 금리'를 받는 사람은 거의 없고 웬만한 사람은 높은 금리로 대출을 받게 되는 것이다.

제대로 써야 하는 서민 금융 정책 🪙

부족한 서민 금융 공급을 벌충하기 위해 정부는 공적 대출을 내놓고 있다. 공공 기관으로 하여금 저리 대출을 하도록 유도하는 것이다. 하지만 차입자들의 신용도가 낮은 서민 금융은 떼일 확률이 높다. 정부 지원 대출은 이용자들 사이에 정부 지원이 들어가 있으니 갚지 않아도 된다는 '도덕적 해이'를 유발하는 문제까지 안고 있다. '안 갚아도 정부가 책임져주겠지' 식의 심리가 발동해 갚을 여력이 있어도 갚지 않는다. 결국 공적 서민 금융은 일반 서민 금융보다 부실 위험이 더 크다. 공공 기관 부실로 이어지고 국민 부담을 키우게 된다. 이를 줄이기 위해 정부는 대기업이나 은행이 자금을 출연해 공공 기관의 서민 금융 부실을 대신 떠맡으라고 압박하곤 한다.

정부가 나서서 제2금융권 대출 부실을 메워주는 경우도 있다. 일정 기간 제2금융권이 서민 금융을 많이 해주도록 한 다음 부실이 생기면 정부와 공공 기관이 해결해주는 것이다. 이 기간에는 정부와 금융 기관이 책임을 져주니 제2금융권 대출이 무분별하게 증가하곤 한다. 그 결과 엄청난 부실이 발생할 수 있다. 게다가 가계 대출 규모를 키워 경제 건전성에도 해를 끼칠 가능성도 있다.

부실을 조금이라도 줄이려면 제2금융권이 대출을 떼일 경우 정부와 공공 기관이 100% 보전하지 않고 제2금융권이 스스로 조금이라도 부담을 지도록 해야 한다. 이런 손실 위험이 있어야 무분별하게 대출하지 않게 된다. 하지만 이렇게 하면 정부가 생각하는 만큼 충분한 대출이 이뤄지지 못하는 문제가 생긴다. 결국 서민 금융 공급을 늘리면 부실이 늘고 부실을 줄이면 공급이 줄어드는 역설적인 현상이 발생한다.

서민 금융 문제 해결을 위한 완전한 해법을 찾는 것은 이처럼 어렵다. 그럼에도 불구하고 정부는 부담 완화 노력을 지속적으로 해야 한다. 고금리 대출은 서민을 괴롭히는 가장 큰 위험 요인 중 하나이기 때문이다. 지지도만 의식한 채 심도 있게 고민하지 않은 대책은 절대 금물이다. 부작용을 최소화하면서 서민의 대출 부담을 확실히 떨어뜨릴 수 있는 정책이 나오기를 기대해본다.

요즘 금리 쉬운 경제

바꿔서 이자 내는 이자율 스와프

사람이나 기업마다 유리한 대출이 다르다. 이를 활용한 '이자율 스와프(Interest Rate Swap, IRS)'라는 재미있는 계약이 있다. 예컨대 A는 상대적으로 변동 금리 대출이 유리하고, B는 상대적으로 고정 금리 대출이 유리하다고 치자. 그런데 A는 앞으로 금리 상승을 예상해 고정 금리로 대출 받고 싶고, B는 금리 하락을 예상해 변동 금리 대출을 하고 싶어 한다. 예상이야 서로 얼마든지 다를 수 있다. 이럴 때 A가 변동 금리 대출을 받고 B가 고정 금리 대출을 받은 뒤, 서로가 서로의 이자를 내주는 계약을 체결할 수 있다면 어떻게 될까? 이것이 이자율 스와프다.

구체적인 수치로 살펴보자. 변동 금리 대출에 대해 A는 '기준 금리 + 3%p'로 차입할 수 있고, B는 '기준 금리 + 6%p'로 차입할 수 있다

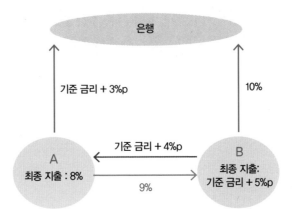

고 하자. 반면 고정 금리 대출에 대해서는 A가 '9%', B가 '10%'로 차입할 수 있다. A가 B보다 신용등급이 좋아서 변동 금리와 고정 금리 모두 A가 B보다 유리한 상황이다. 그런데 얼마나 유리한지 그 정도를 자세히 보면, A는 B와 비교해 변동 금리에 대해서는 '3%p'나 유리하지만 고정 금리에 대해서는 '1%p'밖에 유리하지 못하다. 이자율 스와프는 바로 이 차이를 이용하는 것이다.

구체적으로 A는 '기준 금리 + 3%p' 조건으로 변동 금리 대출을 받고, B가 '10%'의 고정 금리 대출을 받는다. A는 고정 금리 대출을 받고 싶은데 B보다 크게 유리한 변동 금리 대출을 받고, B는 변동 금리

/ 스와프 할 때와 안 할 때 A와 B의 금리 부담 비교

구분	스와프 안 할 때	스와프 할 때
A	9%	8%
B	기준 금리 + 6%	기준 금리 + 5%

*A는 고정 금리 대출을 원하고 B는 변동 금리 대출을 원하는 상황

대출을 받고 싶은데 A보다 덜 불리한 고정 금리 대출을 받는 상황이다. 그런 이후에 이자 부담을 '바꾸는' 계약을 하면 된다. 그래서 '스와프' 계약이다. 조건은 'B가 A에게 기준 금리 + 4%p의 금리를 갚아주고, A가 B에게 9%의 금리를 갚아준다'는 것이라고 가정해보자.

이제 결과를 살펴보자. A는 '기준 금리 + 3%'로 은행에서 돈을 빌렸다. 그런데 B가 A에게 '기준 금리 + 4%p'를 주니 은행 이자를 갚고도 '1%p'의 이자 이익을 볼 수 있다. 대신 B에게 9% 이자를 줘야 한다. 결과적으로 최종 지출은 '9%p 포인트 - 1%p', 즉 8%가 된다. 8% 고정 금리 대출을 받은 셈이다.

반면 B는 10% 고정 금리로 은행에서 돈을 빌렸다. 이 가운데 A로부터 9% 이자를 받으니 1%가 부족하다. 그런데 A에게 지급한 금리를 보면 '기준 금리 + 4%p'다. 여기에 부족한 1%를 감안하면 결과적으로 최종 지출은 '기준 금리 + 5%p'다. '기준 금리 + 5%p' 변동 금리 대출을 받은 셈이다.

결과를 종합하면 A는 '8%'로 자금을 조달한 셈이고, B는 '기준 금리 + 5%p'로 자금을 조달한 셈이다. 이를 원래의 조건과 비교하면 A는 고정 금리 조달의 경우 '9%'로 조달해야 했는데 '8%'로 조달한 효과를 봤고, B는 '기준 금리 + 6p%'로 조달해야 했는데 '기준 금리 + 5%p'로 조달한 효과를 봤다. 각자 더 유리하고 덜 불리한 조건의 대출을 받은 뒤 이자 부담을 교환하고 나니 모두 '1%p'씩 이익을 본 것이다. 참 신기하지 않은가?

이런 이점 때문에 금융 회사들은 이자율 스와프를 널리 쓰고 있다. 조금이라도 이자 부담을 줄이기 위한 눈물겨운 노력이다.

잘못 건들면 큰일나는 캐리 트레이드

대표적인 경기 비관론자이자 2001년 노벨경제학상 수상자인 조지 프 스티글리츠 컬럼비아대학교 경제학 교수가 2009년에 개최된 포럼 에서 "글로벌 금융 위기에 이은 제2차 버블(거품) 붕괴는 아시아에서 발생할 수 있다"고 경고한 일이 있었다.

당시 스티글리츠 교수는 부산 벡스코에서 열린 제3차 OECD 세계 포럼에 참석해 "동아시아로 자금 유입이 계속되면 버블이 생성될 수 있고, 이것이 터지면 세계 경제는 다시 큰 충격을 받을 수 있다"고 주 장했다.

캐리 트레이드의 2가지 수익원 💰

스티글리츠 교수가 이 같은 발언을 한 배경은 당시 유행한 '달러 캐리 트레이드' 때문이었다. '캐리 트레이드(carry trade)'는 초저금리를 유지하고 있는 나라에서 자금을 차입한 뒤 다른 나라에 투자해 수익을 내는 것을 의미한다. 이자율이 낮은 미국에서 달러를 차입한 다음 이자율이 높은 브라질 채권에 투자해 수익을 내는 식이다. 캐리 트레이드는 다양한 통화로 이뤄진다. 미국에서 달러화를 빌려 외국에 투자하면 '달러 캐리 트레이드', 일본에서 엔화를 빌려 외국에 투자하면 '엔 캐리 트레이드'라고 부른다.

캐리 트레이드는 크게 2가지 경로로 수익을 낼 수 있다.

첫째, '금리차익'이다. 미국의 금리보다 브라질의 금리가 높은 상황이라면, 미국에서 낮은 금리로 돈을 빌려 브라질에서 높은 금리로 투자해 수익을 낼 수 있다.

둘째, 돈을 빌린 나라의 통화 가치가 계속 떨어질 경우 '환차익'을 얻을 수 있다. 예를 들어 1달러당 1,000원일 때 미국에서 돈을 빌렸다고 가정해보자. 1달러를 1,000원으로 바꿔서 쥐고만 있었는데 달러 가치가 계속 떨어진다고 치자. 결국 돈 갚을 시점에 1달러 가치가 500원이 돼버렸다. 이때 500원으로 1달러를 사서 1달러를 갚고 나면 수중에 500원이 남게 된다.

요즘 금리 쉬운 경제

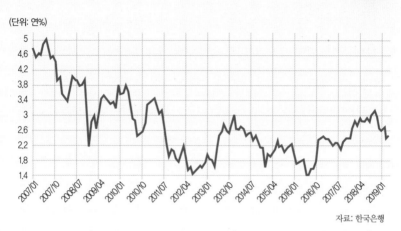

(단위: 연%)

자료: 한국은행

미국 초저금리가 낳은 달러 캐리

이런 이유 때문에 캐리 트레이드는 돈을 빌리는 나라의 이자율과 통화 가치가 약세를 나타낼수록 활성화된다. 2008년부터 2016년까지 미국은 금융 위기 여파로 초저금리를 유지했다. 경기를 활성화시키기 위해 미국 중앙은행은 지속적으로 금리를 내렸고 기준 금리는 0.25%에 불과했다. 이때 전반적으로 달러 가치는 약세를 나타냈다. 글로벌 금융 위기가 미국에서 시작되면서 전세계가 미국 경제에 회의를 나타냈기 때문이다. 캐리 트레이드를 통해 이익을 낼 수 있는 모든 환경이 조성돼 있던 것이다.

그러자 세계 각국 투자자들은 저마다 '달러 캐리 트레이드'에 나서기 시작했다. 미국 투자자들도 마찬가지였다. 금융 위기가 어느 정도 진정된 이후 자국의 돈을 빼내 외국에 투자하기 바빴다. 이는 미국 내에 있던 달러가 전세계로 퍼져나갔다는 것을 의미한다. 이에 따라 전세계적으로 달러가 넘쳐났으며 이는 또 다시 달러 가치 하락을 부추겼다. 그리고 넘치는 달러는 각국 증권 시장과 채권 시장 등에 투자되면서 전세계 자산 시장이 부양되는 효과를 가져왔다. 당시 캐리 트레이드 자금은 아시아 지역에 많이 몰렸다. 아시아 경제는 아직 성장 중이라 투자 수익률이 높은 편이었기 때문이다.

스티글리츠는 이 같은 현상을 지목했다. 세계 경제는 근본적으로 나아진 것이 없는데 세계 각국에 달러 캐리 트레이드가 넘치면서 주가가 상승하는 등 효과가 발생해 경기가 호전된 것처럼 착시 효과만 불러일으켰다고 본 것이다.

위기 부르는 캐리 트레이드 자금 유출 🪙

계속된 자금 유입은 거품으로 이어지고, 이것이 사그라지면 캐리 트레이드 자금이 급격히 유출됨으로써 경제 위기가 발생할 수 있다. 외국인 투자가 늘면서 주가가 많이 올랐다가 빠져나가면서 주가가 폭

요즘 금리 쉬운 경제

락하는 경우가 대표적이다.

10년 전 스티글리츠의 경고는 지금도 유효하다. 최근 몇 년간 많이 오른 부동산 및 주식 가격이 엄청난 유동성의 힘에 따른 것일 수 있기 때문이다. 언제라도 자금 유출 사태가 벌어지면 시장은 큰 충격을 받을 수 있다. 아시아에 많이 들어온 달러 캐리 트레이드 자금이 언젠가 빠져나가면 아시아 경제가 위기를 맞을 수 있다는 우려가 높아져 있는 상황이다.

이 같은 일을 막기 위해 국제 자본 이동을 일정 수준에서 규제해야 한다는 주장이 있다. 대표적인 것이 국경을 넘어 자본을 유출입시킬 때 세금을 물리는 '토빈세(tobin tax)' 정책이다. 경제학자 제임스 토빈이 처음 제안해 그의 이름이 붙었다. 자본을 이동시키는 데 세금을 부과하면 자본 이동이 줄면서 시장 교란이 감소할 수 있다는 것이 토빈세의 기본 아이디어다. 하지만 자유로운 거래를 기본으로 한다는 세계 경제 근본 합의와 맞지 않아 아직 도입되지 않고 있다.

엔 캐리 트레이드로 폭망한 동네 병원들

달러 캐리 트레이드 이전에 엔 캐리 트레이드가 문제된 적이 있었다. 일본에서 돈을 빌려 다른 나라에 투자하는 것이다. 가장 활발했던 2006년을 보면 일본 중앙은행의 기준 금리는 0.25%에 불과했다. 당

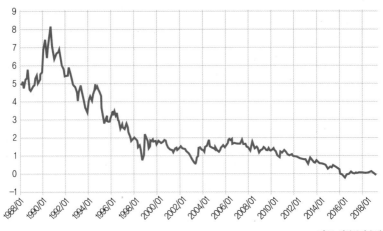

(단위: 연%)

자료: 일본중앙은행

시 한국의 4.5%나 미국의 5.25%에 비하면 턱없이 낮은 수준이었다.

일본의 기준 금리가 낮아지자 일본에서는 얼마든지 싼 이자로 자금을 차입할 수 있었다. 이 자금은 해외 각국에 투자됐고 많은 수익을 냈다. 결국 엔 캐리 트레이드는 유행처럼 번져갔으며 전세계적으로 엔화 자금이 넘쳐나게 됐다. 국제결제은행(BIS)에 따르면 당시 전세계에 뿌려진 엔 캐리 자금을 달러로 환산하면 5,000억 달러에 육박했다. 이 가운데 우리나라 유입분은 50억 달러 정도로 추산됐고 일부는 국내 부동산에 유입되기도 했다.

당시 엔 캐리 트레이드는 전세계적으로 엔화 약세를 가중시켰다. 엔화 공급이 급증하니 자연스럽게 엔화 가치가 떨어졌다. 원화 환율이 100엔 당 780원, 다시 말해 780원만 주면 100엔을 매입할 수 있었다. 금융 위기 당시 100엔당 환율이 1,500원까지 치솟았던 것과 비교하면 얼마나 엔화 가치가 낮았는지 알 수 있다.

다만 캐리 트레이드는 환율 변화에 따라 큰 손실로 돌변할 수 있다. 엔 캐리 트레이드를 썼던 국내 중소 병원들이 대표적이었다. 당시 병원들은 대출 이자 부담을 조금이라도 줄이기 위해 국내 은행에서 대출을 받는 대신 엔 캐리 트레이드를 이용했다. 그런데 금융 위기 여파로 원엔 환율이 2배 수준으로 오르면서 갚아야 할 돈이 2배로 치솟는 일이 발생했다.

원엔 환율이 800원일 때 1,000만 엔을 빌렸다면 추후 8,000만 원을 갚으면 되지만, 갑자기 원엔 환율이 1,600원으로 오르면서 갚아야 할 돈이 1억 6,000만 원으로 치솟았다. 이에 따라 금융 위기 당시 많은 중소 병원이 파산하고 말았다.

갈수록 약발 떨어지는 기준 금리

앞서 제5장에서 기준 금리 조절의 경제 효과에 대해 살펴봤는데, 그렇다면 실제 시장에 미치는 영향은 얼마나 될까? 금리에 대한 종합적인 이해가 있어야 알 수 있는 부분이므로 이 책의 가장 뒷부분인 여기에서 설명한다.

자유주의자들의 정책 무력성 명제

우선 이와 관련한 이론부터 살펴보자. 시장의 자체 기능을 신봉하는 경제학자들은 물가 상승률을 낮출 목적의 금리 인상에는 동의하지만, 경기를 진작할 목적으로 금리를 낮추는 데는 반대한다.

요즘 금리 쉬운 경제

경제학의 이상론에 따른 주장인데, 이들은 인간은 경제적으로 완전하게 합리적이며 모든 정보를 결국에는 다 알게 된다고 주장한다. 중앙은행이 금리를 내리면 경기가 진작되면서 앞으로 물가가 상승할 것이라는 사실을 예상하게 된다는 것이다. 이런 상황에서 경기를 진작하고자 금리를 낮추면, 기업은 향후 물가 상승에 따라 예상되는 생산원가 상승에 대응해 즉시 제품 가격을 올린다. 노동자들도 대응한다. 물가 상승에 따른 실질 임금 하락을 막기 위해 임금 인상을 즉시 요구한다. 이렇게 모든 가격이 바로 오르면 금리 인하의 경기 확장 효과가 전혀 없게 된다. 생산 증가와 같은 효과는 전혀 가져오지 못한 채 물가만 높여 놓는다는 것이다.

경제학에서는 이런 현상을 '정책 무력성 명제'라고 부른다. 경기를 진작시키려는 정책은 결국 아무런 효과를 발휘하지 못한다는 의미를 담고 있다. 또한 기준 금리를 내리고 유동성을 공급해봤자 경기는 나아지지 않고 유동성이 증가한 만큼 물가만 올라가는 현상을 '화폐 중립성'이라고 한다. 화폐 공급이 경기에 아무런 영향을 미치지 못한다는 뜻이다.

정책 무력성 명제와 화폐 중립성을 신봉하는 시장주의 학자들은 "경기가 일시적으로 악화되더라도 어차피 정상 수준으로 회귀하는 능력을 갖고 있으니 정부는 개입하지 말라"고 주장한다. 수시로 개입할 경우 중앙은행의 신뢰 저하만 가져올 것이라고 경고한다. "금리 인하는 물가만 올리고 아무런 효과를 내지 못한다"는 인식이 퍼진다는 것이다. 그러면 대규모 경기 침체가 발생해 정부와 중앙은행 개입이 정말 필요해진 상황에서도 정책이 신뢰를 얻지 못해 약발이 떨어질 수 있다. 그러니 평소에는 잦은 개입을 삼가고 경제 주체들을 상대로 정확하게 내용을 공개한 뒤 경기 조절은 포기하고 물가 안정에나 매진하면서, 경제 위기 등 반드시 개입해야 할 때만 개입해 정책 효과를 극대화하는 것이 낫다고 지적한다.

그러나 현실 속 시장 경제는 이론처럼 완전하지 않다. 경제 주체의 예상들은 자주 빗나간다. 경제학의 이상론은 현실 세계에서 잘 통하지 않는 것이다. 그래서 정부와 중앙은행이 시장 경제에 개입해 조율해줘야 할 가치는 분명히 존재한다.

기준 금리와 다르게 반응하는 시장 금리 💰

그런데 기준 금리 조절이 시장 금리에 영향을 주지 못하는 사례가 갈수록 늘고 있다. 이는 중앙은행이 정책을 추진하는 데 큰 걸림돌이 되는데, 그 이유를 자세히 알아보자.

예를 들어 한국은행이 금리를 올렸지만 은행이 대출 금리를 올리지 않고 이익을 줄여가면서까지 대출 금리를 오히려 낮추는 경우가 있다. 은행들 사이의 대출 경쟁이 벌어질 때가 대표적이다. 은행들이 외형 확대를 위해 대출 경쟁을 벌이는 상황에서는 한국은행이 아무리

/ 2008년 금융 위기 당시 금리 동향

(단위: 연%)

구분	기준 금리	중소기업 대출 금리	개인 신용 대출 금리
8월	5.25	7.5	8.76
9월	5.25	7.6	8.97
10월	4.25	7.86	9.2
11월	4	6.56	9.18

자료: 한국은행

기준 금리를 올려도 시중 은행들은 더 많은 대출을 해주기 위해 대출 금리를 오히려 낮추게 된다. 행여 대출 금리를 올리더라도 기준 금리 인상폭보다 작게 올린다.

반면 경제 위기 때는 완전히 반대 현상이 나타난다. 한국은행이 아무리 기준 금리를 내려도 시중 은행들이 그 이상으로 가산 금리를 올려 최종 대출 금리를 올려버린다. 경제 위기 때는 돈을 떼일 위험이 커지기 때문이다. 이런 위험에 대응하기 위해서는 금리를 올려야 한다. 그래야 일부 떼이는 대출이 발생해도 많은 이자 수입을 통해 은행 파산을 막을 수 있다. 여기에 위기 때면 당장 돈이 급한 사람이나 기업 사이에서 돈을 구하려는 수요가 폭증하는데, 돈을 갖고 있는 쪽은 빌려줬다가 혹시라도 떼일까 봐 불안해 웬만해서는 돈을 빌려주려고 하지 않아서 돈의 몸값이 크게 뛰게 된다. 금리가 급등하는 것이다. 결국 위기 때는 기준 금리 인하와 별개로 대출 금리는 크게 올라갈 수 있다. 이후 기준 금리를 더 크게 내린 뒤에야 비로소 시장 금리도 내려가곤 한다.

이런 까닭으로 은행들이 각자 편의에 따라 가산 금리를 조절해 대출 금리를 정할 때마다 "가산 금리 체계가 고무줄"이라는 비난이 나온다. 기준 금리가 올라가도 예금 금리는 잘 오르지 않으면서 대출 금리만 크게 오르고, 기준 금리가 내려가도 대출 금리는 별로 내리지 않으면서 예금 금리만 크게 내려간다는 불만이 자주 나온다. 은행들이 가산 금리를 활용해 스스로에게만 유리하도록 예금과 대출 금리를 조절하기 때문에 예금자와 대출자가 상대적으로 피해를 보는 것이다.

실제로 금융감독원은 2019년 5월 21일 시중 은행들에 가산 금리 산정 체계가 부당하다며 '경영유의' 조치를 내렸다. 은행 편의에 따라 일관성 없이 마음대로 가산 금리를 조절하면서 고객들에게 피해를 끼쳤다는 이유로 경고를 한 것이다. 은행들이 가산 금리를 지나치게 악용하지 않도록 적절한 감시가 필요하다는 것은 분명해 보인다.

예측이 바꾸는 현재 🪙

은행 행태뿐 아니라 시장의 반응도 금리 변화에 영향을 미친다. 예컨대 기준 금리를 올리면 연쇄작용을 거쳐 장기 금리도 올라야 하지만 오히려 반대로 장기 금리가 내려가는 경우가 생긴다. 그러면 장단

요즘 금리 쉬운 경제

기 스프레드가 왜곡될 수 있다. 단기 금리는 올라가는데 장기 금리가 내려가면서 장단기 스프레드가 축소되다가 심지어 역전되는 경우도 나오는 것이다.

이유는 경제 주체들의 강한 예측에 있다. 한국은행의 금리 인상은 장기적으로 경기 둔화로 이어진다. 이런 전망이 매우 강해지면, 다시 말해 경기 둔화가 올 것이라는 전망이 강하게 형성되면, 경기가 둔화된 미래에는 돈을 빌리는 수요가 별로 없으면서 금리가 내려가 있을 것이라는 예상이 퍼지게 된다. 이 예상이 장기 금리에 반영되면 장기 금리는 내려간다. 그렇게 되면 단기 금리인 기준 금리는 올라가지만 장기 금리는 내려가는 일이 벌어진다.

이렇게 현실에서 기준 금리와 장기 금리가 다르게 결정되는 상황이 발생하면 한국은행은 통화 정책을 수행하는 데 큰 어려움을 겪는다. 기준 금리 결정대로 시장 금리가 움직여줘야 원하는 효과를 낼 수 있는데, 시장 금리가 미리 움직여버리거나 오히려 반대로 움직이는 현상까지 벌어지면서 통화 정책의 약발이 떨어지는 것이다.

이런 현상을 억제하기 위해서는 한국은행이 더 정교한 시스템을 만들어야 하지만 쉬운 일은 아니다. 이에 대해 시장에서는 한국은행 기준 금리 결정의 시장 지배력이 약화되고 있는 것 아니냐는 분석이 나온다.

한국은행에 방법이 없는 것은 아니다. "계속 금리를 올리겠다"고 이야기하면 사정은 달라진다. 계속 금리를 올리면 먼 미래의 금리는 경

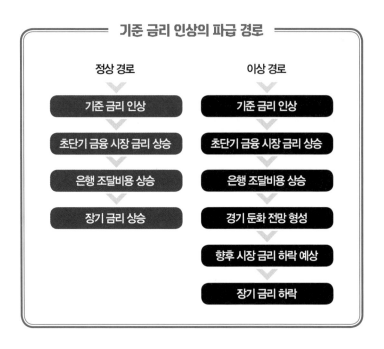

기준 금리 인상의 파급 경로

정상 경로	이상 경로
기준 금리 인상	기준 금리 인상
초단기 금융 시장 금리 상승	초단기 금융 시장 금리 상승
은행 조달비용 상승	은행 조달비용 상승
장기 금리 상승	경기 둔화 전망 형성
	향후 시장 금리 하락 예상
	장기 금리 하락

기에 상관없이 아주 높은 수준에 도달할 가능성이 있다. 그러면 장기로 돈을 빌려주는 사람은 지금부터 미리 금리를 아주 높여 받아야겠다는 생각을 하게 된다. 그래야 금리가 오른 다음 빌려주지 않고 지금 빌려주는 데 따른 손해를 막을 수 있기 때문이다. 이렇게 되면 기준 금리 인상이 장기 금리 인상으로 연결될 수 있다.

한국은행은 때로 기준 금리를 움직이지 않으면서 실질적인 금리 조절 효과를 낼 수도 있다. 예를 들어 한국은행 기준 금리가 적용되는 초단기 시장의 실제 금리가 한국은행 기준 금리보다 0.5%포인트 높게 설정돼 있다고 치자. 초단기 시장에 돈이 부족해 금리가 올라간 것이다. 상황이 이와 같다면 한국은행은 이 시장에 돈을 풀어 금리를 낮춤으로써 기준 금리대로 초단기 시장의 금리가 결정되도록 해야 한다. 그렇지 않으면 시장으로부터 기준 금리 정책에 대한 신뢰를 잃게 된다.

그런데 이때 한국은행이 평판 리스크를 감수하고 일부러 돈을 풀지 않을 수도 있다. 이는 보통 한국은행이 금리를 올리고 싶지만 여러 압박으로 인해 금리를 못 올릴 때 사용하는 방법이다. 물가 상승이 문제되는 상황이라서 금리를 올려야 하는데, 금리 인상에 따른 경기 위축을 우려해 정부 등이 금리 인상에 제동을 거는 경우가 대표적이다. 이때 명시적으로 기준 금리 인상 결정은 하지 않지만 실제 금리가 높게 설정되도록 함으로써 금리 인상 효과를 낼 수 있다. 그러나 한국은행 평판 리스크가 커지면서 시장 반발도 생길 수 있어 지속적으로 활용할 수 있는 방법은 못 된다.

통화 정책이 갈수록 어려워지면서 일부 학자들은 중앙은행이 수시로 시장에 개입할 필요 없이 정해진 원칙에 따라 시중에 유동성을 공급하는 역할만 하면 된다고 주장하기도 한다. 중앙은행의 시장 개입은 시장에 혼란만 부추길 뿐 효과를 낼 수 없으니 적극적인 역할을 하지 말라는 의견이다. 특히 경기 침체기에 중앙은행이 실시하는 금리 인하를 통한 경기 확장 정책은 경기 진작보다는 물가 상승이라는 부작용만 낳는다는 비판도 있다. 하지만 급작스런 경기 변동에 대한 대대적인 정책 개입의 필요성은 여전히 존재한다. 한국은행의 면밀한 대응이 필요한 이유다.

한편 다른 나라 중앙은행 중에는 금리가 아니라 통화량을 조절해 경기에 대응하는 경우도 있다. 경기를 진작시키는 것이 목표라면 시중에 통화량 공급을 늘리고, 물가 안정이 목표라면 시중에 풀려 있는 통화량을 흡수하는 식이다.

그런데 통화량은 조절하기 무척 어렵다. 중앙은행이 아무리 통화량을 흡수해봤자 그 이상으로 시중 은행이 대출을 늘려 돈을 공급하면 전체 통화량은 되레 증가할 수 있기 때문이다. 이에 통화량보다는 금리가 그나마 조절하기 쉬운 편에 속하기에 최근 세계적 추세에서 통화량을 조절하는 중앙은행은 거의 사라졌다.

중앙은행이 쥐고 있는 히든카드

금리 조절의 약발이 떨어진다면 다른 대책을 찾아야 한다. 한국은행은 금리 조절 외에 물가와 경기 조율을 위한 다른 수단도 갖고 있다. '지급준비율', '재할인율', '예대율'에 대해 알아보자.

지급준비율

앞서 설명했듯이 중앙은행은 '지급준비율(이하 지준율)'을 조절할 수 있다. 이 비율을 올리면 은행들은 더 많은 지급준비금을 쌓아둬야 한다. 은행들이 의무적으로 쌓아둬야 하는 현금이 늘어나는 것이다. 그만큼 대출에 쓸 수 있는 돈이 줄어든다. 그러면 시중으로 공급되는 돈이 감소하게 된다.

예를 들어 지준율을 10%에서 20%로 올리면 은행은 1,000만 원을 예금 받은 상태에서 기존에는 900만 원을 대출할 수 있었지만 이제는 800만 원만 대출해줄 수 있다. 이렇게 하면 시중 유동성이 줄어든다. 이 과정을 금리 인상과 비교할 때, 금리 인상이 이자 부담을 키워 간접적으로 대출을 줄이는 정책이라면 지준율 인상은 직접 대출에 쓰이는 재원을 줄인다는 점에서 보다 직접적인 정책이 될 수 있다.

지준율 인상은 나아가 간접적으로 이자율 인상 효과를 낸다. 지준율이 인상돼 대출이 줄어들면 시중에는 그만큼 자금이 덜 풀린다. 즉, 시장에 흘러 다니는 자금이 감소한다. 이렇게 자금이 감소하면 수요 공급 원리에 따라 자금의 가치(값)를 뜻하는 이자율이 올라가게 된다. 이자율 인상은 은행들의 수익보전 노력에 따라 더욱 배가된다. 대출을 예전만큼 많이 할 수 없으면 은행은 수익이 줄어든다. 이에 은행들은 대출 이자율을 올려 수익을 보전하려고 한다. 줄어든 대출로 예전만큼의 수익을 올리기 위해 이자율을 올리는 것이다. 결국 지준율 인상은 이자율 인상으로 직결된다.

지준율 인상은 시장 심리에도 영향을 미친다. 한국은행이 지준율 인상을 앞으로 유동성을 줄일 강력한 의지를 갖고 있다는 신호로 이용하는 경우다. 그러면 시장에서는 미리 유동성 확보 경쟁이 생기면서 자금의 가치가 올라 이자율 인상폭이 더욱 커질 수 있다.

반대로 지준율을 인하하면 앞서 반대 방향의 일이 벌어지면서 시중

지급준비율 조절의 효과

지준율 인상	지준율 인하
대출 재원 감소	대출 재원 증가
시중 자금 감소	시중 자금 증가
이자율 상승	이자율 하락
경기 둔화 및 물가 안정	경기 개선 및 물가 상승

유동성이 늘어나고 이자율이 하락한다. 대출해줄 수 있는 돈이 늘면서 대출이 늘고 이에 따라 시중 유동성이 늘면서 자금의 가치인 이자율이 내려가는 것이다. 이는 경기 확장, 물가 상승, 부동산 가격 상승 등의 결과를 유발한다. 이런 이유로 한국은행은 금융 위기 기간에 지준율 인하를 고려한 바 있다.

지준율 인상의 효과는 강력하다. 그렇지만 거의 활용하지 않는다. 대출 가능액을 직접 줄임으로써 은행에 심한 규제로 작용하기 때문이다. 그래서 아주 불가피한 경우에만 가끔 사용한다.

한국은행은 부동산 가격 상승이 정점으로 치닫던 2006년 12월에 지준율을 인상한 바 있다. 16년만의 조정으로, 기존 최고 5%에서 최고 7%로 2%포인트를 올렸다. 이를 통해 은행들은 원래 유치한 예금 대비 5%만 현금으로 갖고 있으면 됐는데 이후부터는 7%를 현금으로 확보해야 했다. 언뜻 2%포인트 차이가 작은 것 같지만 시중 은행으로서는 큰 부담이었다. 관련 예금을 10조 원 갖고 있다면 곧바로 2,000억 원의 현금을 추가로 확보해야 한다는 얘기였기 때문이다. 실제로 당시 은행권 전반에서 5조 원의 현금을 즉시 확보해야 하는 상황이 발생했다. '현금'이 5조 원 줄어들면 '시중 유동성'은 그 이상 큰 폭으로 줄어든다. 5조 원을 통한 신용 창조 기회가 사라지기 때문이다. 당시 유동성 감소 효과는 130조 원으로 측정됐다. 즉, 5조 원이 그대로 있었다면 반복적인 대출을 통해 130조 원의 시중 유동성이 창출됐을 텐데 지준율 인상으로 그 가능성이 차단됐다.

지급준비율 조절의 부작용

지준율 인상은 결과적으로 여러 부작용을 유발한다. 우선 이자율 상승을 통해 빚을 지고 있는 서민과 중소기업의 부담을 키운다. 또한 단기적으로 환율 하락을 촉발한다. 지준율 인상으로 시중 원화 자금 공급이 감소하면 달러화에 비교해 원화 가치가 올라가면서 환율이 하락하는 것이다. 시중 자금 흐름 왜곡이라는 부작용도 발생한다. 금리 조절은 가격 변화를 통해 자금 수급 조절로 이어진다. 반면 지준율 인상은 일방적으로 자금 수급 자체를 조절하면서 충격으로 이어진다.

정책 효과가 의도와 달라질 가능성도 있다. 은행 반응에 따라 정책이 아무런 효과를 발휘하지 못하는 것이다. 주택 대출을 줄이기 위해 지준율을 올렸는데 시중 은행들이 주택 대출은 그대로 둔 채 중소기업 대출 등 다른 대출만 줄이는 식이다.

이렇게 되면 부동산 시장에 대한 영향은 거의 없고 애꿎은 중소기업만 피해를 입을 수 있다. 더욱이 은행은 지급준비금이 늘어난 만큼 외화 차입 등 다른 경로로 자금을 끌어올 수 있다. 이렇게 하면 지준율 인상에도 불구하고 대출액이 커질 수 있다.

여기에 지준율 규제는 은행에게만 해당할 뿐 보험, 카드, 저축 은행 등 제2금융권에는 적용되지 않는다. 은행 대출이 줄어들더라도 사람들이 제2금융권으로 몰리면서 주택 대출이 오히려 증가할 수 있다. 이를 '풍선 효과'라고 한다. 풍선의 한쪽을 누르면 반대쪽이 커지는 상황에 빗댄 표현이다.

반면 한국은행 입장에서는 이점이 생긴다. 은행들은 증가한 지급준비금을 자체 보관하지 않고 한국은행에 예치하는데, 이는 한국은행이 운용할 수 있는 자산이 증가하는 효과로 나타난다. 이런 문제 때문에 선진국은 지준율 조절을 거의 하지 않는다. 영국, 뉴질랜드, 캐나다 등 관련 정책이 이미 폐지된 곳도 많다. 금융 시장이 정부 통제에 있는 중국 정도만 자주 지준율을 조정한다.

재할인율 🪙

중앙은행이 시중 유동성에 영향을 미칠 수 있는 또 다른 방법으로 '재할인율' 조정이라는 것이 있다. 여기에서 할인은 '어음 할인'을 의미한다. 은행은 기업에게 돈을 빌려주고 받은 어음을 다시 중앙은행에게 담보로 제공하고 대출을 받을 수 있다. 이를 '어음 재할인'이라고 부른다. 담보로 잡은 어음을 재차 담보로 제공하고 대출을 받는 것이라 재할인이라는 명칭이 붙었다. 이때 중앙은행이 시중 은행에서 받는 금리를 '재할인율'이라고 한다. 만일 중앙은행이 재할인율을 올리면 대출 금리가 올라가므로 시중 은행의 중앙은행에 대한 이자 납입액이 늘고, 그만큼 돈이 덜 풀리는 효과가 발생한다.

재할인율 역시 시중 금리에 영향을 미친다. 중앙은행이 재할인율을 올리면 시중 은행들은 수익을 보전하기 위해 그에 맞춰 금리를 올리게 되고, 이는 시중 이자율 인상으로 이어진다.

다만 현재 한국은행의 어음 재할인은 사라졌다. 대신 '금융중개지원대출'이라는 이름의 저리 대출 제도로 바뀌었다. 이 금리를 올리면 시중 은행이 한국은행에 내야 하는 대출 이자가 많아지고, 그만큼 한국은행으로 돈이 유입되는 효과가 발생한다. 이는 시중 은행의 대출 부담을 늘려 신규 대출을 줄임으로써 그만큼 유동성이 줄어드는 효과를 낼 수 있다.

요즘 금리 쉬운 경제

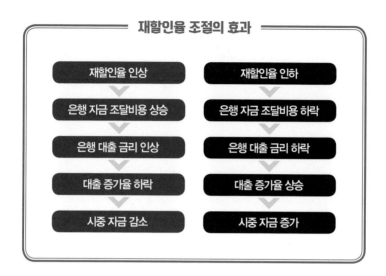

재할인율 조절의 효과

재할인율 인상	재할인율 인하
은행 자금 조달비용 상승	은행 자금 조달비용 하락
은행 대출 금리 인상	은행 대출 금리 하락
대출 증가율 하락	대출 증가율 상승
시중 자금 감소	시중 자금 증가

예대율 규제

금융당국이 시행하는 '예대율' 규제도 있다. 예대율은 '예금 총액 대비 대출 총액'을 의미한다. 금융감독원은 금융 위기 영향이 극심하던 2009년 예대율을 '100%'로 규제한 바 있다. A은행이 1,000만 원어치 예금을 받았다면 대출을 1,000만 원 이내로 하라는 뜻이다. 이 규제가 있기 전까지 한국은행들의 예대율은 130%를 넘기도 했다. 예금 총액과 비교해 대출 총액이 30%나 많았던 것이다. 부족분은 은행의 차입으로 충당했다. 즉, 예금이 충분치 않아 많이 대출해줄 수 없는 상황이니 외국 은행 등에서 빌리거나 채권을 발행해 얻은 돈으로 대출을

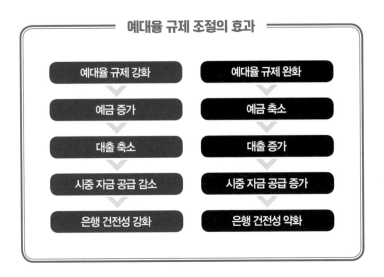

예대율 규제 조절의 효과

예대율 규제 강화	예대율 규제 완화
예금 증가	예금 축소
대출 축소	대출 증가
시중 자금 공급 감소	시중 자금 공급 증가
은행 건전성 강화	은행 건전성 약화

더해준 것이다. 이에 따라 예금 이상으로 대출하는 것이 가능했다.

지나치게 높은 예대율은 은행 건전성에 독이 될 수 있다. 외국 은행 등을 통한 무리한 빚을 기반으로 대출을 많이 해준 것이기 때문이다. 예를 들어 A은행이 외국 은행에서 빌린 돈으로 부동산 담보 대출을 대거 실시했다가 부실화되면 돈을 갚지 못해 파산하는 일이 벌어질 수 있다. 그래서 금융당국은 예대율이 지나치게 높아지지 않도록 규제한다. 그 이상으로 대출 공급이 늘어나지 않는 것이다.

또한 예대율을 규제하면 은행들은 예금을 늘리는 선택을 하게 된다. 예금을 늘리면 '대출 ÷ 예금'에서 예금액이 커지면서 예대율이 낮아진다. 예대율 규제에 따라 예금의 비중이 늘면 은행은 외국 은행 등에서 돈을 빌릴 필요 없어 자금 조달을 안정적으로 관리할 수 있다.

다만 예대율 규제는 이점이 많으면서도 민간 경제를 지나치게 간섭하고 중소기업 대출을 줄일 위험이 있어 시행에 주의해야 한다. 대출 줄이기에 나서는 과정에서 안정적인 대기업이나 가계 대출에 앞서 중소기업 대출부터 줄일 수 있기 때문이다.

통화안정증권

채권을 발행해서 사고파는 방법도 있다. 한국은행이 유동성을 줄이고 싶다면 채권을 발행한다. 채권을 발행해 민간의 돈으로 사도록 만듦으로써 유동성을 흡수하는 것이다. 한국은행은 채권을 발행해 흡수한 유동성을 창고에 저장해둔다. 이는 돈의 유통을 억제한다는 점에서 유동성을 줄이는 효과를 낳는다. 이 같은 목적으로 한국은행이 발행하는 채권을 '통화안정증권'이라고 부른다. 시중에 유동성이 부족하다고 판단되면 한국은행은 팔았던 통화안정증권을 되사들인다. 그러면 해당 금액이 채권을 되판 민간 주체에게 들어가 돈이 풀리는 효과를 발생시킨다.

그런데 이 통화안정증권이 한국은행 재정에 막대한 부담을 끼칠 수가 있다. 채권 구매자에게 이자를 지급해야 하기 때문이다. 이자 부담이 너무 커지면 통화 정책의 유효성까지 떨어뜨릴 수 있다. 이자가 통화를 늘리는 효과를 낳아서다. 즉, 통화량을 흡수하기 위해 채권을 발

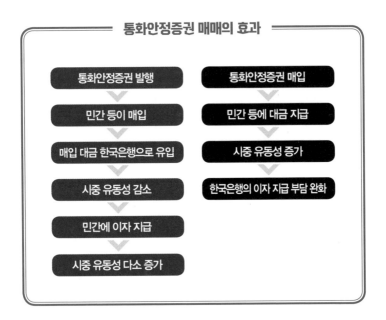

通화안정증권 매매의 효과

통화안정증권 발행	통화안정증권 매입
민간 등이 매입	민간 등에 대금 지급
매입 대금 한국은행으로 유입	시중 유동성 증가
시중 유동성 감소	한국은행의 이자 지급 부담 완화
민간에 이자 지급	
시중 유동성 다소 증가	

행해 자금을 끌어 모았는데 채권 보유자에게 이자가 지급되면서 그만큼 다시 돈이 풀리는 반대의 효과를 유발하는 것이다. 이자를 통한 효과가 얼마나 되겠냐고 생각할 수 있지만, 액수가 수조 원에 달해 그 효과는 결코 무시할 수 없다.

　이자 지급을 통한 유동성 증대 효과를 막기 위해서는 추가로 통화안정증권을 발행해 이자만큼의 자금을 추가로 흡수해야 하는데, 이는 통화안정증권의 지속적인 발행을 유발하는 악순환을 낳게 된다. 통화안정증권 발행에는 제한이 있어서, 남발하면 정말 필요할 때 발행하기 어려울 수 있으므로 유의해야 한다.

일각에서 통화안정증권을 국채로 전환해야 한다는 주장도 있다. 국채는 정부가 발행하는 채권을 말한다. 세수가 부족할 때 주로 발행한다. 채권을 찍어 국가 사업에 쓸 돈을 마련하는 것이다. 한국은행과 정부로 나눠진 채권 발행 업무를 일원화해야 한다는 주장이며, 양측의 의견 조율이 필요한 일이다.

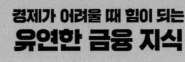

* 고액 자산가들은 왜 DLS와 DLF로 투자금을 날렸나 *

2019년 DLS와 DLF 사태로 금융투자업계가 시끄러웠다. 수억 원의 피해를 봤다는 사람들이 줄을 이었고, 판매 은행은 금융감독원으로부터 중징계를 당했다. DLS와 DLF가 뭐기에 세상을 뒤흔들었을까?

금리를 두고 누가 맞힐지 내기

DLS(Derivative Linked Securities)는 우리말로 하면 '파생 결합 증권'이다. 복잡한 이름 때문에 그럴듯해 보이지만, 사실 단순화하면 한마디로 '돈 놓고 돈 먹는' 내기 게임을 금융 상품화한 것이다. 내기를 하려면 대상이 있어야 한다. 축구에서 어떤 팀이 이기느냐, 경마에서 어떤 말이 1등으로 들어오느냐 같은 것이다.

문제의 DLS는 '해외 금리 연계형'이었다. 금리를 내기의 대상으로 삼았다는 뜻이다. 예컨대 우리은행의 경우 독일 국채 10년물 금리 연계형 DLS를 팔았다. 내기 구조는 단순했다. 앞으로 6개월 동안 독일 국채 금리가 연 -0.2% 밑으로 떨어지지 않으면 가입자가 투자 금액의 2%를 받는다. 반대로 6개월 동안 독일 국채 금리가 연 -0.2% 밑

2019년 9월 기준(단위: 1억 원)

우리은행	KEB하나은행	KB국민은행	유안타증권	미래대우증권	NH증권
4,012	3,876	262	50	13	11

자료: 금융감독원

으로 떨어지면 가입자가 원금 손실을 입는다. 금리가 많이 떨어질수록 손실 규모가 커진다.

상품을 만든 쪽은 외국 은행이었고, 투자자를 찾아 판매한 쪽은 국내 은행이었다. 외국 은행과 국내 은행들이 투자자들로부터 받는 수수료를 노리고 공동으로 상품을 기획했다.

그렇다면 DLF(Derivative Linked Fund)는 무엇일까? '파생 결합 펀드'다. 다시 말해 DLS가 포함된 펀드를 뜻한다. 개별 DLS를 찾아 가입할 수도 있고, 다른 금융 상품과 함께 DLS도 들어 있는 DLF에 가입하는 것을 선택할 수도 있다.

국내 은행들은 DLS와 DLF에 대해 "웬만하면 손실 걱정 없이 안정적으로 정기 예금의 3~4배에 달하는 수익률을 얻을 수 있다"고 홍보했다. 그러자 많은 고액 자산가들이 관심을 가졌다. 예금 금리가 연 1%대에 불과한 상황에서 6개월 만에 2%는 무척 매력적인 수익률이었던 것이다. 은행들은 주로 1억 원 이상 투자할 수 있는 고액 자산가들을 대상으로 DLS를 팔았다. 방식은 '사모 펀드'로 했다. 소수의 몇 명에게만 따로 연락해 파는 펀드였다.

은행들이 적극적으로 홍보하자 DLS 판매 금액은 곧바로 1조 원에 육박했다. 금융감독원이 현황을 조사하니 전체 DLS 투자자는 3,243명으로 나타났고, 그중 개인 투자자가 3,004명으로 거의 대부분(93%)을 차지했다. 개인 투자자 대부분은 고령의 고액 자산가였다. 60대 이상이 1,462명으로 절반에 달하는 48%였으며, 70대 이상도 643명으로 21%를 넘었다. 투자 금액은 1억 원대를 투자한 경우가 66%(1,988명)로 가장 많았고, 2억 원 대로 넓히면 83%(2,517명) 비중을 차지했다. 이 투자자들은 DLS와 DLF 가입 후 안정적으로 높은 수익률을 올릴 수 있는 기회를 얻게 됐다고 만족해했다.

설마 했던 마이너스 금리

투자자들이 DLS에 적극 가입했던 것은 독일 국채 금리가 연 −0.2% 밑으로 떨어지지는 않을 것이라고 안심했기 때문이다. 금리가 마이너스를 기록한다는 것은 돈을 맡기면 이자를 받는 게 아니라 거꾸로 보관료 명목으로 이자를 줘야 한다는 뜻이다. 이런 일은 웬만해서는 벌어지지 않을 것이라는 게 은행과 가입자들 생각이었다.

그런데 이런 일이 실제로 벌어졌다. 독일 국채 10년물 금리가 8월 기준 연 −0.581%까지 떨어진 것이다. 이는 독일 국채 10년물을 사면 매입자가 이자를 받는 게 아니라 연 0.581%의 금리를 거꾸로 독일 정부에 내야 하는 상황을 의미했다. 사실 이와 같은 일은 경제 상황이

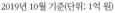

해외 금리 연계 DLS 손실 규모

2019년 10월 기준(단위: 1억 원)

은행명	판매 잔액	예상 손실액	손실률
우리은행	3,540	1,749	49%
KEB하나은행	3,183	1,764	55%
합계	6,723	3,513	52%

자료: 우리은행·KEB하나은행

매우 불투명할 때 벌어진다. 주식 등 모든 금융 상품의 수익률이 좋지 못할 때 투자자들은 은행 예금이나 국채 같은 안전 자산에만 몰리게 된다. 그러면 은행이나 정부는 매우 적은 이자를 지급해도 된다. 돈을 내겠다는 투자자들이 줄을 서기 때문이다.

이자를 아무리 낮춰도 투자자들이 계속 줄을 길게 서 있으면 급기야는 투자자들에게 보관료 명목으로 오히려 돈을 내라고 요구하게 된다. 투자자 입장에서 요구에 응하지 않으면 거액의 돈을 어디엔가 쌓아둬야 한다. 수백만 원이나 수천만 원 정도면 금고 안에 넣어두면 된다. 그러나 수백억 수천억 원을 굴리는 투자 회사 같은 곳은 보관이 불가능하다. 결국 울며 겨자 먹기로 보관료를 내고라도 국채를 매입하게 된다. 주식에 투자했다가 큰 손실을 보는 것보다는 낫다고 여기는 것이다.

2019년 세계 경제 전체가 침체로 신음했다. 그 영향으로 독일과 같은 선진국들의 국채 금리도 속속 마이너스로 접어들었다. 그러면서

DLS에 투자한 사람들은 거액의 손실을 보고 말았다. 독일 국채 10년물을 기준으로 −0.2% 밑으로 떨어지지는 않을 것으로 보고 내기를 했는데, 금리가 떨어지는 사태가 일어나면서 내기에서 져 거액을 잃는 상황에 직면한 것이다. 특히 "금리가 많이 떨어질수록 손실 규모가 커진다"는 조항에 따라 수억 원에 이르는 원금 전체를 날린 투자자들도 부지기수로 나왔다. 이렇게 투자자들이 날린 금액은 5,000억 원에 달했다.

외국인 투자자만 배불려

손실 부담은 오직 투자자들에게만 전가됐다. DLS와 DLF를 팔아치운 은행들은 아무런 부담을 지지 않았다. 은행들은 처음부터 판매 금액의 5% 정도 되는 수수료만 노렸고, 손실이 얼마가 나건 간에 아무런 책임을 지지 않는 구조로 상품을 설계했다. 그 수수료마저 대부분 외국 은행들이 가져갔고 판매한 국내 은행은 1% 정도밖에 벌지 못했다. '판매자' 역할에 그쳤기 때문이다. 결국 외국 은행 좋은 일만 시키고 모든 손실 부담은 투자자들이 떠안고 말았다.

그렇다면 국내 투자자들이 잃은 만큼의 돈은 누가 벌었을까? 내기 상대방은 누구였을까? 국내 DLS 투자자들로부터 5,000억 원에 육박하는 돈을 가져간 쪽은 우리나라 투자자들과 반대로 세계 금리가 마이너스 밑으로 떨어질 것이라 예상하고 금리 하락에 베팅한 외국인 투자자들이었다. 이들은 DLS를 설계한 외국 은행을 통해 내기에 응

/ 해외 금리 연계 DLS 수수료 배분 현황

만기 6개월 상품 기준(단위: %)

외국계 투자 은행	국내 은행	국내 증권사	국내 자산운용사
3.43	1.00	0.39	0.11

자료: 금융감독원

했다. 이들이 정확히 누구인지는 파악하기 불가능하다. 외국 은행들이 우리나라 금융당국 조사에 협조할리 없기 때문이다. 게다가 외국 은행들은 정당하게 상품을 만들어 팔았다고 생각한다. 내기에 응해 손실을 입은 쪽은 철저히 국내 투자자들 책임이라는 입장이다. 이런 상황에서 우리나라 금융당국이 국경을 넘어 그들을 조사하는 것은 가능한 일이 아니었다.

이익에 집착한 은행의 안이한 설명

DLS는 처음부터 불합리한 게임이었다. 내기가 성립하려면 당사자 간의 이익과 손실의 균형이 맞아야 한다. 확률이 같은 게임의 경우 내가 이겨서 100원을 얻는다면 질 때도 100원을 잃어야 한다. 그런데 DLS는 이익에 비해 손실이 너무나 컸다. 투자자가 이길 때는 투자액의 2%를 '고정적으로' 버는 데 그치고 지게 되면 '원금 전체'를 잃을 수 있는, 사실상 말도 안 되는 내기였던 것이다. 투자자가 이길 확률이 높아서 이길 때의 상금이 질 때의 상금보다 작은 것은 맞지만, 그 차이가 너무나 컸던 것이 문제였다.

이렇게 원금 손실 가능성이 있는데도 불구하고 '만기'가 6개월로 짧다는 것도 문제가 됐다. 주식, 비트코인, 부동산과 같은 원금 손실이 있는 대부분의 투자 대상은 만기가 없거나 매우 길다. 그래서 투자 후 가격이 떨어져도 오를 때까지 버티는 이른바 '존버'가 가능하다. 반면 DLS는 만기가 6개월로 매우 짧아서 이 기간에 손해를 보면 원금을 복구하는 게 불가능하다.

이렇게 위험한 상품이라면 판매 당시 은행들이 그 구조와 위험성에 대해 제대로 설명했어야 했다. 투자자들에게 "불합리한 내기 구조를 갖고 있으며, 내기에서 패배할 경우 매우 큰 손실을 입을 수 있다"는 사실을 사전에 경고해야 할 의무가 있는 것이다. 하지만 금융감독원 조사 결과 은행들은 "원금 손실을 입을 수 있다"는 정도로 매우 형식적인 경고를 하는 데 그쳤다. 자세히 설명하지 않고 소극적인 주의만 주고 넘어간 것이다. 심지어 주의조차 제대로 하지 않은 경우도 20%나 됐다. 금융감독원은 "은행들이 판매한 DLS 3,954건 가운데 20%인 790건이 불완전 판매 의심 사례로 분류됐다"고 밝혔다. 수수료에 눈이 어두워 제대로 설명하지 않고 DLS를 판 경우가 전체 판매의 20%나 됐다는 얘기다.

특히 은행들은 수수료 수입에 집착한 나머지 상품 출시 과정에서 내부의 반대를 무시했고, 심의 기록까지 조작한 것으로 확인됐다. 은행들은 새로운 금융 상품이 들어오면 팔아도 되는지 내부 선정위원회

불완전 판매 의심 DLS

불완전 판매 의심사례

790건
(20%)

전체 3,954건
우리은행 2,006건
KEB하나은행 1,948건

*서류상 하자만 해당. 분쟁 조정 등을 거치면 판매비율 상승 가능

자료: 금융감독원

를 통해 자체 심사를 받도록 하고 있는데, 일부 위원이 평가표 작성을 거절하자 상품 출시 찬성으로 임의 기재하거나, 반대하는 위원을 교체한 후 찬성 의견을 받은 경우도 있었다.

출시 이후에는 은행 본점 차원에서 일일 단위로 실적 달성을 독려하고, 직원 평가 항목에도 넣어 판매를 사실상 강요한 것으로 드러났다. 이에 따라 어떤 영업직원들은 "원금 손실 확률 0%"라는 문자 메시지까지 발송하며 상품을 팔아치웠다. 본점 차원에서는 "손실 확률이 극히 적다"고 강조해 판매한 사례를 우수 전략으로 선정해서 다른 영업점에 전파한 사례도 있었다. 한 금융당국 관계자는 "투자자 보호는 뒷전이고 자기 이익 챙기기에만 혈안이 됐던 은행들의 탐욕스러운 행태가 숨어 있었다"고 비판했다.

물론 가입자들도 책임에서 완전히 자유로울 수 없다. 다소 높은 수익률에 눈이 어두워 위험을 제대로 살피지 않고 가입한 사실 자체는 자신들이 책임을 져야 하는 것이다. 조금이라도 합리적인 의심이 있었다면 판매 직원에게 세세하게 위험성을 묻고 손실 가능성을 따져 가입할지의 여부를 판단했을 것이다. 그러나 확인을 소홀히 했고 결국 큰 손실을 입고 말았다.

특히 DLS 투자자 대부분이 금융 상품 투자 경험이 많은 자산가였다는 점도 주목할 필요가 있다. 이들이 그저 직원이 권하는 대로 했다고 보기는 어렵다. 경험으로 위험성을 알아챘을 수 있다. 단지 '설마 금리가 마이너스로 내려가겠느냐'며 안이하게 생각한 채 상품에 가입했을 뿐이다. 은행들이 과도하게 상품을 팔아치운 부분은 분명히 있지만, 투자자들 스스로 안이하게 판단한 책임은 어쩔 수 없는 것이다.

재발 방지 대책들

은행들은 뒤늦게 "소 잃고 외양간 고치기"에 나섰다. '투자숙려제도'와 '고객철회제도' 도입 등 금융 상품에 투자하는 고객의 권리를 대폭 강화한 '고객 중심 자산관리 혁신방안'을 내놓은 것이다. 투자숙려제도는 은행이 펀드를 판매할 때 가입 신청 마감일 며칠 전 신청 접수를 종료한 뒤 고객들에게 마감일까지 투자를 실제로 할 것인지 돌아볼

요즘 금리 쉬운 경제

시간을 주는 제도다. 투자자 입장에서 마감일이 남아 있으니 취소하는 게 가능하다.

고객철회제도는 마감일이 지나서도 펀드에 가입한 지 15영업일 이내라면 고객이 손해를 보지 않고 가입을 철회할 기회를 주는 내용을 담고 있다. 또한 은행이 투자 상품을 선정할 때 외부 전문가들로 구성된 상품 선정 위원회를 거치게 하고, 판매 단계에서는 PB 검증제도를 신설해 판매할 수 있는 상품에 차등을 두기로 했다.

그렇다고는 하나 이런 대책들은 사후약방문에 불과하다. 앞으로 비슷한 일이 재발하지 않도록 금융 회사, 투자자, 금융당국 공동의 주의가 필요하다.

요즘 금리
쉬운 경제

초판 1쇄 인쇄 2020년 4월 1일
초판 1쇄 발행 2020년 4월 10일

지은이 박유연
펴낸이 신경렬

편집장 유승현
편집 황인화 김정주
마케팅 장현기 정우연 정혜민
디자인 엔드디자인
경영기획 김정숙 김태희 조수진
제작 유수경

펴낸곳 (주)더난콘텐츠그룹
출판등록 2011년 6월 2일 제2011-000158호
주소 04043 서울시 마포구 양화로12길 16, 7층(서교동, 더난빌딩)
전화 (02)325-2525 | 팩스 (02)325-9007
이메일 book@thenanbiz.com | 홈페이지 www.thenanbiz.com

ISBN 978-89-8405-988-7 03320

이 도서의 국립중앙도서관 출판예정도서목록(CIP)은
서지정보유통지원시스템 홈페이지(http://seoji.nl.go.kr)와
국가자료공동목록시스템(http://www.nl.go.kr/kolisnet)에서 이용하실 수 있습니다.
(CIP제어번호:2020012593)